给自闭症儿童父母的101个建议

101 Tips for Parents of Children with Autism:
Effective Solutions for Everyday Challenges

［美］Arnold Miller, Theresa C. Smith 著

柴田田 译　于素红 审校

中国轻工业出版社

图书在版编目（CIP）数据

给自闭症儿童父母的101个建议／（美）米勒（Miller, A.）等著；柴田田译. —北京：中国轻工业出版社，2016.6（2024.9重印）

ISBN 978-7-5184-0874-0

Ⅰ.①给… Ⅱ.①米… ②柴… Ⅲ.①缄默症－儿童教育－特殊教育－家庭教育 Ⅳ.①G76

中国版本图书馆CIP数据核字（2016）第059282号

版权声明

Copyright © Arnold Miller and Theresa C. Smith 2014
Foreword copyright © Paul J. Callahan2014
Afterword copyright © Ethan B. Miller 2014
First published in the UK in 2014 by Jessica Kingsley Publishers Ltd
73 Collier Street, London, N1 9BE, UK
www.jkp.com
All rights reserved
Printed in China

责任编辑：戴　婕　　　责任终审：腾炎福
策划编辑：戴　婕　　　责任校对：刘志颖　　　责任监印：吴维斌

出版发行：中国轻工业出版社（北京鲁谷东街5号，邮编：100040）
印　　刷：三河市鑫金马印装有限公司
经　　销：各地新华书店
版　　次：2024年9月第1版第6次印刷
开　　本：710×1000　1/16　印张：11.5
字　　数：95千字
书　　号：ISBN 978-7-5184-0874-0　定价：32.00元
读者热线：010-65181109
发行电话：010-85119832　　010-85119912
网　　址：http://www.chlip.com.cn　　http://www.wqedu.com
电子信箱：1012305542@qq.com
版权所有　侵权必究
如发现图书残缺请拨打读者热线联系调换
241425Y2C106ZYW

推　荐　序

　　十几年来，有关"来自星星的孩子"——自闭症儿童这一主题的内容不断受到人们的关注。电影《海洋天堂》的热映让公众很快熟知了"自闭症"这一名称，也让人们看到了自闭症儿童的一些特殊表现以及父母在养育过程中的辛劳与焦虑。而更多挑动公众神经的则是不断出现的有关"普通学校或者普通学生家长拒绝自闭症儿童入学"方面的负面新闻事件报道。在这些报道中，我们可以看到多方成员所面临的挑战及所遭遇的困境。无论是学校、老师，还是普通孩子和自闭症孩子的家长，他们都需要更深入的专业支持。

　　无论自闭症是由何种原因导致的，但无可争辩的一个事实是自闭症儿童的数量一直在增加。已经毕业十多年的学生回忆，十几年前刚刚工作时，学校里每个班级最多有一个自闭症孩子，全校最多也只有五六个。但是现在，情况已经发生了很大的改变，普遍情况是一个班级中大约有两三个自闭症孩子，有的班级中甚至一半的孩子是自闭症。从我本人给特殊儿童家长做咨询的经历来看，这几年来咨询的家长大多数是自闭症儿童的家长。按照2014年美国疾病控制与预防中心发布的自闭症发病率统计数据，2002年出生的孩子，自闭症发病率为68∶1，其中男孩的发病率为42∶1。这是一个事实！当今世界，父母比以往有更高的概率生育一个自闭症儿童，而教师也比以往有更多的机会遭遇自闭症儿童。

很多人都会问，为什么自闭症儿童的数量一直在增加？目前谁也无法回答这个问题。但不管原因如何，对于家长和老师来说，所面临的挑战一直以来只有一个：就是如何支持他们、帮助他们，让他们也能和其他孩子一样有一个更好的发展空间，最终能适应生活、适应社会。在自闭症孩子的成长过程中，每一位父母都经历着同样的痛苦与煎熬。在咨询以及与家长合作的过程中，我能深切地体会到这种痛苦与煎熬，父母自身需要支持与帮助，也需要成长，但更能让他们受益的肯定是自助。正如一些家长所说，最能帮助自闭症孩子的是父母。父母是最揪心的人，也是最愿意投入时间、精力和金钱去帮助孩子的人。我见过不少家长，他们花费了大量的时间和金钱，辗转全国，甚至去国外寻求治疗，他们阅读了很多的资料，抱着极大的期望去尝试各种治疗和干预训练方法。在中国，绝大多数自闭症康复训练机构都是由这样的家长所创办的，他们秉着一腔期望，在自己孩子身上实践各种干预训练方法，然后再致力于让其他自闭症儿童及其家庭受益。

按照《精神疾病诊断与统计手册》（第五版）的诊断标准，自闭症谱系障碍儿童的症状表现为：在跨越多场景的社会沟通和社会交往上存在持续性缺陷；活动重复、行为刻板以及兴趣狭窄。但每个自闭症孩子由于其认知能力、语言能力、运动能力等发展水平不同，各有差异，在谱系中的位置也不尽相同。一些自闭症孩子由于认知功能水平较高，可以学会语言，也有社交意愿，但在社交技能尤其是涉及社会情感的沟通方面存在普通人难以理解的障碍，这一障碍将会影响他们与他人的相处与交往。随着自闭症孩子年龄的增长，社会交往范围的扩大，其负面影响会越来越明显，而严重的自闭症儿童可能连社会交往的意愿也明显缺乏，长时间沉浸于重复刻板的自我刺激行为中。如何在儿童早期对他们开展针对性的干预，发展其社交技能，是研究者、教育工作者和家长最关心的问题。

这也是翻译此套自闭症儿童家长用书的初衷。我们希望通过此套书，能够让家长拓展视野，学会利用日常生活中各种与儿童的接触机会，逐渐发展孩子与外部世界的联系，促进他们社交技能的提高。本套书共三本，但各有侧重。

《与自闭症儿童一起做游戏》 这本书着重指导家长在日常生活中利用各种资源与儿童一起游戏，并在游戏中促进他们各方面能力的发展。游戏是儿童早期发展的重要途径，游戏的本质是玩与乐趣。让自闭症儿童在游戏中体会乐趣，继而更投入到游戏中，享受与人相处，从而与人建立良好的沟通关系，提高社交技能，是本书的重心所在。

《给自闭症儿童父母的101个建议》 这本书介绍了不同于应用行为分析的方法——米勒法（The Miller Method），其主要内容是指导家长如何利用自闭症孩子的潜能与优势，发展他们的共同注意、互动沟通技能，以及如何处理他们的发脾气行为等。

《自闭症儿童社会规则训练》 这本书则是从一个自闭症人的角度详细介绍了这类个体在人际交往中遇到的各种问题以及基本的社交策略，并解释了为什么这么做的原因。该书能够帮助自闭症孩子更好地了解和学习正常个体在人际交往中的基本社交策略，同时也能让家长、老师以及其他人员更好地理解自闭症孩子的社交行为，调整与他们相处的方式，容忍并接纳他们非常规的一些社交行为。

这三本书语言通俗，有些甚至非常口语化，完全不同于学院派的写作风格，而且因为是当事人的真实体验与实践，因而对自闭症孩子及家长更具有参考和指导价值。在自闭症儿童早期干预领域，创造性地利用生活中的各种资源，设计契合他们需求的干预活动或者游戏，才能真正帮助他们。这套书提供了很多制作玩具、设计游戏的策略与思路，有关干预以及如何与他们相处的建设性建议有时甚至会给人脑洞大开的感觉！

感谢策划出版本套书的出版社——中国轻工业出版社"万千心理"一直以来对特殊儿童教育与干预工作的关注,使得我们有机会翻译这套书,也感谢本套书的编辑戴婕老师的大力支持!

对于书中译文的不当之处,敬请读者批评指正。

昝 飞

华东师范大学特殊教育学系副教授

2016年1月于上海

前　言

第一次见到阿诺德·米勒（Arnold Miller）是在1991年7月的一个炎热的夏天，当时我刚毕业，渴望能有机会在自己从事的领域内做一番事业。我对那个位于古旧的红砖房子里的语言与认知发展中心（Language and Cognitive Developmental Center，简称为LCDC）几乎一无所知，更不知道它能够给我这个机会。那天，中心的米勒博士丝毫不受炎热天气和周围环境的影响，热情洋溢地迎接了我，使我开始了这份工作。

从那时起我印象最深的就是米勒博士在面对障碍儿童时所表现出的能力。他能发现儿童潜在的发展基础，以此为依据使儿童得到发展。他好像总是能发现别人发现不了的真相，并且总是能奇迹般地确认该从哪里开始对儿童进行干预。在我们共事的这些年里，我亲眼见证了他的很多成功案例，虽然有时会使人惊慌或产生抵触，但确实指出了事情的真相，并成为后来干预的基础。

他总是满怀信心，时刻准备着帮助更多的家庭，为这些家庭的孩子获得实质性进步找寻希望，使孩子们能够不断发展！

米勒博士总是启迪我要相信每位患者在语言、行为、思维方面会有更长远、更深刻的发展，我将一直铭记于心。

保罗·J. 卡拉汉（Paul J. Callahan）
发展治疗师，语言与认知发展中心副主任

序　　言

与一位杰出但总是不断纠正我的错误的人士一起工作，既是一项挑战，又是一种优待。

这本书的所有灵感都来自米勒博士。我们在米勒博士生命的最后一段时间才开始这项工作。为了尽快传播他的智慧，我只能冒昧地负责本书的结尾部分。

米勒博士的视角是基于临床实践的。他提倡通过专业的教师、协调师、语言治疗师、职业治疗师的合作来干预儿童自闭症。他将他的整个职业生涯奉献给了重度自闭症儿童。

我做不到像他一样。

作为家长，我们是在泥泞中奋斗的人，我们与自闭症给孩子造成的障碍做斗争。我们喊出这种障碍的名字，藐视这种障碍，抓住障碍的咽喉。本书中我们去除鉴定的距离、避免使用临床术语，给家长以明确的指导。

这本书的相关资料主要来自米勒博士在担任我儿子本杰明的发展治疗师期间所做的工作表、笔记、邮件、个人信件、影像资料等。文中的许多例子、所有的插曲都来自我们和本杰明的生活的点点滴滴。

感谢保罗·J.卡拉汉（Paul. J. Callahan）博士不吝时间，为我们审核了初稿。

书中的任何不足之处都由我承担。

特雷莎·史密斯（Theresa Smith）
dr.theresasmith@gmail.com

目　　录

- 1 · 向自闭症儿童普及米勒法 …………………………… 001
- 2 · 如何抓住并集中自闭症孩子的注意力，
  发展其应对变化的能力 ………………………………… 013
- 3 · 如何使沟通最大化——诱导沟通 …………………… 031
- 4 · 如何扩大互动——利用混乱状态，引入新方法 …… 063
- 5 · 如何减少自闭症儿童的焦虑因素 …………………… 071
- 6 · 如何使孩子停止发脾气，恢复平静——发脾气利用法 … 081
- 7 · 如何培养友谊 ………………………………………… 101
- 8 · 如何增进家庭联系：你在家时可以做些什么 ……… 107
- 9 · 给家长的另外一些建议 ……………………………… 129
- 10 · 结语 …………………………………………………… 165

· 1 ·

向自闭症儿童普及米勒法

应对变化的世界*

父母、孩子的看护者、朋友、亲属及爱孩子的人们，你们是否每天都想给爱着的那个人——那个自闭症孩子，提供一些帮助？这本书就是为你们而准备的。

重度的自闭症谱系障碍儿童经常会令与他们一起生活的父母和希望帮助他们的专家们感到束手无策。面对孩子表现出来的一系列异常行为，父母经常会无所适从，不知道"我要从哪里开始改善孩子的这种状况"，然而将事情变得更复杂的是，你的孩子的外表没有任何缺陷，他非常吸引人，甚至非常可爱，但他的行为举止却表现为对你的存在视若无睹。你渴望能得到孩子的回应，任何交流方式都可以，即使是匆匆一瞥、微微一笑，只要他不把你当作空气。但你的孩子却不愿意或是不会与你交流，就好像许多家长形容的那样："你敲门，但没有人回应"。

家长们对这类孩子的第二个反应是寻找借口拒绝承认孩子的障碍。毕竟要承认你爱的孩子是个特殊儿童是非常痛苦的，家长往往会刻意忽视、逃避这个问题。因此，最开始许多家长和专家会用一些借口来解释孩子的这种障碍，将它说成是成长的改变或是性格的变化，用性格"变得固执"这类简单的借口来拒绝承认事实，并且会用其他普通孩子的一些例子来证明这些孩子也是正常的，会出现这种表现只是孩子独立的天性而已。即使是现代社会，一些儿科医生面对家长焦急地询问为什么他们的孩子不能与人交流时，也只能安慰他们不要担心，"毕竟爱因斯坦也是直到4岁才会说话"。

---

* 这部分内容在米勒博士的另一本书——《米勒法：发展自闭症儿童的能力》（*The Miller Method: Developing the Capacities of Children on the Autism Spectrum*）——出现过。本书中再版，取得了之前一书的出版商 Jessica kingsley 的同意。

当然，儿童可能会因一些自然的原因导致说话晚，这并不是值得过分担忧的问题。例如，如果家长在家中讲两种或两种以上的语言，那么他们的孩子开口说话的时间可能要比普通孩子晚一些。但是，如果你的孩子是因为失去语言能力或者其他能力而导致不言语，那么你最好立即带他去进行评估。

当自闭症的各种障碍发展到最严重的状态时，儿童可能会不断地拍打他们的手臂、旋弄手指、绕圈跑或从房间的一边跑到另一边；持续地开灯关灯、按抽水马桶、把东西都悬挂起来、在家具上爬来爬去；甚至会在家里或是一小段路程中迷路。言语障碍的儿童会不断地重复电视或广播里的广告，或重复别人对他们说过的话。有时，他们还会表现出迟钝：对疼痛没有反应，不确定自己的身体感受等。数十年来，米勒博士、卡拉汉博士和他们团队的教师、治疗师都致力于应对出现在学校、家庭、私人机构中的这类挑战。这些年的经验使米勒博士相信，要想对儿童的干预取得效果，必须要以儿童本来的样子而不是我们希望他们变成的样子来看待他们。

观察可以帮助我们更多地认识儿童的发展性障碍，了解儿童经由教学、治疗、医疗干预能够得以改善的方面。米勒博士是一位持怀疑态度的观察者，他认为高估自闭症儿童的能力是一种非常严重的错误，这可能导致开始训练的项目超出儿童的实际能力，浪费宝贵的时间，或者还会忽视有价值的医学治疗。要记住，儿童可以接受的治疗项目有很多。

在观察自闭症谱系障碍儿童的表现时，专家有时会说："如果某个动物走起路来像鸭子，还像鸭子似的嘎嘎叫，那么这个动物就是鸭子。"换言之，许多实践者认为如果一名儿童的行为、言语或阅读都有特定功能的外在表现，那么这个儿童能真正理解他在做什么、说什么、读什么。然而，米勒博士观察到，很多看起来行为恰当、构音正确或是阅读流畅的特殊儿童实际上并不了解他们所做、所说、所读的真正含义。因此，米勒博士强烈反对这种关于"鸭子"的说辞，他想要培养儿童真正的能力、沟通和理解，而不是只让儿童了解形式而不知其本质。

因此，在米勒法项目中，米勒博士坚持，只有当儿童能够在不同情境下对行为和语言都正确理解后，才可以进行下一个任务。当然，也可能有意外出现，如果在训练过程中儿童出现了暗示或是早期沟通的其他方式，那么这是真实而又非常有意义的一刻，此时我们鼓励你立刻抓住时机，这样孩子就可以逐渐学会这种方式。

另一方面，许多家长的经历要远比这复杂。他们经常会被自己患自闭症的孩子的能力、想法和技巧欺骗，虽然有时这些孩子会露馅，但这并不是因为孩子们技艺不精，而是因为感觉失调的干涉或神经联结暂时的失调所导致的。这种时好时坏的状况交替出现，时隐时现，因此要对孩子进行全面的评估。家长通过自己的观察认识到，自闭症儿童有时会由于时间限制而无法完全表达自己的想法，但实际上他们要比表现出来的知道得更多。当家长有足够的耐心和在恰当的时机时，自闭症儿童会逐渐向家长展示这些能力。这意味着对于自闭症障碍儿童来说，即使他们完全理解任务，但要他们展示出全部的能力也是非常困难的，甚至是不可能的，尤其对于那些极重度自闭症儿童更是如此。即使是语言流畅的本地人在说母语时偶尔也会出现一些错误。与自闭症儿童一起工作和生活时，我们应该期待他们比实际上表现出来的更有能力、更善解人意、更有意志力。只有这样，自闭症儿童才会回应给我们更多的能力。

什么是自闭症？如何对它进行干预？

自闭症是一种起源复杂的神经性障碍，它会影响儿童对自身和周围环境的信息进行加工的能力*，也会影响儿童游戏和沟通的能力。如果你的孩子是一名自闭症患者，他可能在感觉、身体运动、神经等一系列复杂障碍中存在某一特定障碍，诸如语言缺失、身体知觉不足、感觉不敏感等。

由于自闭症儿童表现出了一系列的感觉和运动方面的问题（Bogdashina, 2004），他们可能很难完全掌控自己的身体，并表现出感觉亢奋或感觉不敏。例如，对一些对声音感觉亢奋的孩子而言，教室、体育场总是如此吵闹，待在里面令他们感到非常痛苦，因此他们会捂起耳朵、跑出教室、做可以让自己分散注意的事情。当这些手段都不管用时，绝望之下，他们会伤害自己以使声音停止。还有一些感觉亢奋的孩子可能会对别人的碰触感到痛苦。许多自闭症谱系障碍的儿童会对衣服、食物的味道和口感、气味特别敏感。梳头、理发、剪指甲、刷牙对他们来讲可能都是一种折磨人的体验。

相反，一些感觉不敏感的儿童——虽然他们有非常正常的听力——但是好像对他人的言语甚至很大的噪声都无动于衷。很多这类的儿童跌倒并磕破膝盖或撞到头时，都不会哭或查看伤口，这是由于痛感和身体知觉的错乱导致的。**

感觉异常和极端的感觉缺乏可能意味着孩子身体的某部分到大脑的感觉传输出现了问题。感觉异常也意味着肌肉和大脑间正常的双向交流被阻断了。这种传输的问题能引发孩子的言语问题，并且可能会限制儿童恰当地使用自己的身体的能力。例如，儿童可能无法清晰地感觉到身体一端与其他部位有何差别，并因此而爬不过篱笆；或者他们没办法将身体的上下部分协调一致，因此很难学会骑三轮车绕过障碍、爬行和游泳。这些困难体现了儿童明显缺乏对身体的整体知觉，因此这类儿童可能会

---

* 自闭症的致病因子包括遗传、环境污染、饮食、病毒感染等，但遗传不是决定性因素，因为有案例证明（如斯坦福大学 Hallmayer 等人在 2011 的研究）同卵双胞胎中有一人患自闭症而另一人正常。

** 一些感觉不足可能是因对含麻醉剂的食物产生反应而导致的；此时，特殊的饮食也许能帮助他们。

用诸如旋转、拍手等自我刺激的身体活动来补偿知觉，用寻求边缘感觉的方式来帮助自己定位，通过以上方法获得更多的身体知觉以使自己安心。有言语问题的自闭症孩子指出：攀爬、站在淋浴器下、躺在流动的水中都复原了他们对身体的知觉。因此，要求这些感觉不敏感的孩子长时间坐着可能会让他们感觉像死了一样，因为这剥夺了他们所必需的感觉输入。缺少感觉输入可能会促使自我刺激行为、自伤行为甚至使那些你力图避免的、会造成严重后果的行为增加。这类儿童可以通过室外活动、身体接触运动、集中的作业治疗、关节处重压来增加感觉输入。

自闭症最早由莱昂·坎纳（Leo Kanner，1943—1971）提出，最初这种障碍主要体现在患者缺乏与人交往的能力上，现在这种病症被认为是一种谱系障碍——自闭症谱系障碍（Autism Spectrum Disorder）。患这种障碍的儿童既包括发展最为落后的孩子，也包括仅轻微地表现出一些坎纳所描述的特征的孩子。本书和米勒博士的毕生事业一样，是特别为那些照顾较严重自闭症孩子的人而设计的。

对自闭症成因的解释最早出现在20世纪50年代，那时将自闭症归为一种精神疾病。可能是因为自闭症儿童的外在表现就像情感缺失和混乱的婴幼儿一样，Bruno Bettelheim（1950）和其他心理学家认为是冷漠的"冰箱母亲"拒绝抚养自己的孩子导致孩子患上自闭症。当被正常抚养时，这些被忽视的孩子就能得到快速的发展。看到自闭症孩子身上某些共同的行为特点，如大量的口头表达，精神分析治疗师希望通过弥补特定的功能缺失以找到治疗障碍的方法。米勒博士记得，Joseph Weinreb博士——一位杰出的精神分析学家——负责Worcester青少年指导中心10多年，他的前胸口袋里一直装着棒棒糖用来引导看似被剥夺了口语的自闭症孩子。

20世纪60年代早期，情感剥离观点被行为分析理论取代。行为分析理论起源于学习理论，并基于1951年斯金纳的动物实验的发现而产生。Ivar Lovaas（1987）是从行为分析理论发展出应用行为分析理论（Applied Behavior Analysis，ABA）的创始者之一。与此同时，米勒及其妻子提出了他们自己的扎根于 Heinz Werner 发展学说的认知发展系统方法（Miller & Eller-Miller 1989，2000；Miller，1991）。米勒的方法其后由 Stanley Greenspan 在马里兰州贝塞斯达的临床咨询会上加以描述。米勒的方法比应用行为分析更加自然，现在通常被称作"米勒法"。

应用行为分析理论并没有对自闭症的成因或是自闭症儿童的内在情感状态做出推论。执业者只是将儿童不受期待的行为用学习理论的工具强化，包括用棒棒糖奖励、食物、代币或表扬来转化为正向行为，并试图使儿童学会抑制逃避、延时、厌恶等不被接受的行为。行为主义者假设：如果他们能够使一个障碍儿童表现得像正常儿童，那么这个儿童需要在所有方面都表现得或回应得像个正常儿童。因为正常的儿童是坐在课桌前的凳子上听老师讲课的，因此行为主义者认为自闭症儿童在上课之前也需要坐在桌子前的椅子上，眼睛望向治疗师或教师。

这是我们认为行为主义不会起作用的依据之一。

我们现在知道 Weinreb 和典型 ABA 项目所做的用心良苦的努力并没有解决深层的生理方面的问题。近年来，对自闭症人士大脑的研究显示，其大脑解剖学上的显著异常现象也许可以解释大部分自闭症人士异常的感觉加工和异常行为问题。

因此，伴随着目前全世界自闭症发生率急骤增加的状况，到底什么方法管用，尤其是什么样的早期干预有用成为了新的待解决的事情。40 多年前，自闭症的发生率是每 10000 人中有 4 个，一些地区甚至低到每 40000 人中才有 1 个。

2012 年，美国疾病控制和预防中心（The US Center for Disease Control and Prevention，CDC）指出，2008 年至 2012 年的数据显示，美国的 8 岁儿童，每 88 人中就有一人患某种形式的自闭症。这比他们 2002 年公布的数据增加了 75%，比 2006 年公布的数据增加了 23%。男孩的发病率比女孩更高，根据美国疾病控制和预防中心 2008 年公布的数据，每 54 名男童中就有 1 名自闭症患者，而每 252 名女童中会有 1 名自闭症患者。在美国，男孩的自闭症发生率是女孩的4.5倍之多*。多种风险因素和诱发因素导致了不同类型和不同严重程度的自闭症,并且这些因素可能是按照某些先后顺序发生作用的。

2013年5月20日,美国疾病控制和预防中心公布的新调查数据显示:在美国,每50个孩子中就有1个孩子患有自闭症谱系障碍。联合国也报道了全世界范围内自闭症的发生率都在增加的讯息。**

米勒法与应用行为分析相比有什么不同?

关注认知发展的米勒法与应用行为分析有显著不同:

1. 应用行为分析试图转移或"压制"不良行为,而米勒法试图利用自闭症儿童的驱动力、强制力、强化物,将之转化为有用的、有互动性的交流,来建立适应能力和沟通能力。米勒法将自闭症儿童对上述条件的需要视作优点,这些条件可以转化为教导他们的通道。
2. 应用行为分析强调忽视、避开儿童的不良行为、发脾气行为或是将其与其他儿童隔离,而米勒法强调要直面这类行为,并使孩子们重新参与活动。通过增加与儿童的互动来与他进行沟通。
3. 应用行为分析要求儿童保持坐姿学习,米勒法认为自闭症儿童神经系统的性质决定了他们可以在运动中、实际示范下学得最好。孩子的感觉需要可能决定了他需要在运动中学习而不是按照要求坐着、保持静止来学习。

---

* 许多因素会影响自闭症在男女生身上的发生率,但是男生发病率高的一个很可能的原因是睾丸素与汞有相结合的趋势,这涉及中央神经系统的拮抗剂问题。

** 联合国秘书长潘基文在2013年4月2日"世界提高自闭症意识日"发表演讲,提到"要解决耻辱化、认识不足和支持机构薄弱等问题,国际关注不可或缺。目前的研究表明,早期干预可帮助有自闭症症状的人显著增强能力。当务之急是要努力建设一个更包容的社会,强调自闭症患者的才华,并确保他们有机会发挥自己的潜能"。

4. 应用行为分析试图用食物和奖励来建立顺从，但米勒法建立的规程都是可以不断地加以拓展、复杂化或中断的，并因此使儿童产生自主性，诱发主动沟通。通过这种方式，自闭症儿童的日常规程开始逐渐与正常生活的规程接近。
5. 最后，不同于应用行为分析，米勒法教会孩子恰当地在其他领域推广应用他们已有的能力，使之能从一个地点平稳地转移到另一个地点，并利用过渡环节来学习象征能力。

顺从、处理变化和能力

只要提出的要求是发生在熟悉、可以预知的情形下，一些自闭症孩子就会表现出顺从。然而，即使在一个熟悉的活动或环境中，某个未曾预期到的变化，不论这个变化多么微小，也可能会触发他们灾难性的失控。你的孩子可能会因电灯烧坏、妈妈换了件衣服、去商店的路线稍微改了一下或班上来了个新孩子就失去了镇定。另一些自闭症孩子可能在环境完全改变的情况下依然能按照规则和期望，服从要求、应对变化，并学会新的规则（如在祖母家的规矩、在学校的规矩），这样就不会有攻击行为发生。

但是我们不想仅仅让孩子学会顺从。虽然用 ABA 法有时能够获得顺从，但这种顺从相对于儿童处理不可预知的世界的需要来讲是非常怪异的，对孩子所要应对的各种生理的、生物化学的、神经方面的挑战来讲也是十分怪异的。ABA 法并没有给儿童的生活提供一套指令系统，以使他们应对未来的世界。而米勒法则允许儿童自己建立一套常规，这套常规能使儿童处理事务的能力和沟通能力终生都得到发展。

儿童或成人，在处理日常生活时都需要灵活性和洞察力，而不仅仅是顺从。如果陌生人向我们的孩子伸出手，我们不希望孩子像往常那样握住这只手。我们希望孩子能分辨这双手是照料者伸出的还是特定的陌生人的。除此之外，我们还希望孩子能够轻松无压力地应对日常生活中的变化。过多地强调顺从可能会与孩子发展应对变化的能力矛盾。但更重要的是，要求自闭症孩子像正常孩子那样表现和反应是不可能的，因为这种要求忽视了自闭症孩子与普通孩子在神经方面的差异。

米勒博士对自闭症孩子治疗和教育方面的核心观念一直持续他整个职业生涯历程，在他的第一本书中就已提出，在《米勒法》（*The Miller Method*，2007）一书中则更为明确。他提到，所有的自闭症儿童，不论发展多么滞后或混乱，都显示出要寻找方法应对令人疑惑的、不断变化的世界的强大动力。自闭症孩子忍受着无法筛选剔除的强烈的感觉体验，不顾身体面临的各项挑战，仍然表现出这种要求应对变化世界的强大驱动力！我们的任务是帮助孩子们开启他们的所有能力，使他们能够圆满、有意义地生活！

建议1：不要满足于一些有意义的功能的表面。

例如，在一间教室里，我们看到一个自闭症孩子能够正确地分辨和确认8种不同的颜色，但当我们把他带出教室问他天空的颜色时，他却回答不上来了。

建议2：总是要预估孩子的能力。总是！

小插曲

这好像是一个进退两难的窘境，这两条建议看起来似乎相互矛盾。我们怎么知道什么时候该采用哪条建议呢？

作为人类，我们试图去定义我们所居住的这个广阔浩瀚的宇宙。我们想要理解我们的本质以及我们与其他生物的联系。我们会思考在人类产生之前出现了什么以及人类产生之后还会出现什么……

尽管我们受限于各种各样的条件，但是作为生物，我们依然有自身的价值。

在这方面，圣人们给了我们极好的建议。他们认为，每个人应该在他的口袋里放两张纸条。一张纸条上写着"为了我，世界被创造出来了"；另一张纸条上写着"我只是一粒尘埃而已"。当我们对自己丧失信心时，要拿出第一张纸条看看；而当我们变得傲慢自大时，应该看看第二张纸条。

· 2 ·

如何抓住并集中自闭症孩子的注意力，发展其应对变化的能力

抓住注意力

你使用一切可能的线索才可能使重度自闭症的孩子将注意力转向你，尤其他表现出强烈的自闭症特征后更是如此。他可能会喜欢强烈或轻微的刺激。

如果他想要剧烈的身体碰触，那就满足他！

建议3a：以追逐打闹游戏开始，唤醒孩子的身体！

你必须让你的孩子达到一种清醒状态，并保持这种状态与你互动。孩子的清醒状态取决于他的需要和感官特点，可以先进行一些全身性的活动，使孩子愉悦并帮助他集中注意力。

追逐打闹游戏是最重要但最易被低估的唤醒孩子智力，帮助他建立、发展与家人和朋友的情感纽带的方法。玩耍的时候，孩子和家长间可以有直接、充分的身体接触，这样可以不断地创造机会，让孩子感受到你，感受到你的情感。当家长与孩子玩耍的时候，要始终保持一种快乐的、游戏的心态。

如果你不知道该怎样和孩子一起玩追逐打闹游戏，可以把孩子用布卷起来，让他从这边滚到另一边，在此过程里不断评论和叙述这一事实："爸爸正在滚动埃文，哈哈。"你要尽量把他的膝盖抬起来，这样他可以把你推开，自己运动来感受大肌肉的力量。如果你的孩子还比较小，可以玩"飞机"的游戏，你平躺在地板上，让孩子站在你的腿上保持平衡，你用手抓住孩子的手，然后可以不断地抬起脚再落下，并发出声音，模仿飞机起飞和降落。

更小的孩子，你可以把他抛起再接住。大一点的孩子，你可以把他抛到柔软的地方，例如沙发，让他落在沙发上。或者你也可以让孩子在感统球或弹簧床上玩，抓好他的手，让他使劲跳或是你来摇动球。在孩子弹跳的同时，家长可以用有节奏的话加以描述："向上，向上，娜塔莉，快向上！停下了，娜塔莉停下了！"

枕头大战非常好玩，但也可以试试摔跤；也可以家长当马，让孩子来骑马，让孩子在你的膝盖上跳跃来假装他正在骑一匹小马。如果你很外向，也很强壮，可以让孩子站在你的肩膀上，驮着他四处走动，但注意要始终抓住孩子的手，防止孩子滑下来；或用婴儿背带带他运动，这样可以保证孩子的安全。

如果你的孩子对于声音并不是特别敏感，可以使用回应式的感叹词。例如，当你们在玩骑马游戏时，可以使用"驾！吁！"之类的词来引导其反应。

你可以和本斯玩"本斯是球"的游戏：你们全都站立着，如果他妈妈说"我想要本斯"，你就将本斯推到妈妈的身边。当他到妈妈的一边时，你可以要求他回来，这时你要说，"不，我想要本斯。"此时，妈妈再把本斯推到你的身边。

尝试重压和按摩：让孩子坐在你的膝盖上，给他一个深情的拥抱，用拥抱来给他重力挤压，之后你就计数来挠他痒痒，让他借此学会期待。

虽然一些专家认为这不可能，但一些自闭症儿童确实会咯吱自己。

重压可以增加孩子对活动的注意和坚持时间，此时你可以快速地做家务。一个重度自闭症的儿童可能需要强烈的深压才能集中注意力与你交流。如果你能向孩子演示怎样获得压力，或想出一些能产生压力的好玩的活动，那么即使你的孩子很小也能独立获得这种压力。让这种感觉像吃饭一样成为孩子日常生活的一部分。当你将这种产生压力的活动当做常规一样实施时，你就更有可能拥有一个注意力集中的、能与你交流的孩子。家长们报告了一些对他们有用的策略，其中包括像舞蹈一样的韵律活动，如：

让你的内森跺跺左脚，跺跺右脚，用左手拍拍右腿膝盖，用右手拍拍左腿膝盖，再拍手两次。你让孩子用力地进行这项活动，以致地板都晃动了。你和内森一起描述你们所做的活动并用唱歌、听音乐来增强感觉输入。如果内森不累的话，要在最后进行欢呼!

这一系列的活动能够帮助内森跨过身体状态的中间线，获得充足的感觉输入，保持清醒状态。虽然做这些活动对很多自闭症儿童来说会很困难，但是这些活动的确能帮助他们发展，因为它能够增加大脑两个半球间的交流。像这样带有声音和震动的活动能够帮助缓解感觉饥饿。

建议 3b：为了增强寻求感觉输入的孩子的专注力，在孩子读书、游戏或做事前，你和他在屋子里追逐嬉闹；或用两片体操垫裹住孩子，玩"本斯是三明治"游戏，使劲挤压他，并把他一次次地推到门栓处，同时戏谑地说："对不起，本斯。"

为孩子选择游戏或活动时，要考虑孩子的感觉需要和忍耐度。他可能会要求和你接触、玩闹，此时可让他站在你的膝盖或腰上快速地跳跃。如果他很小，可能几次运动就可以满足他的感觉需求了，然后就可以放开他；如果他的感觉需求没得到满足，他就会跑回来要求再做。

另一些孩子需要轻微的身体接触来唤醒肌肤，可以给他涂香粉、沐浴液，或用大一点的化妆刷轻轻地扫几下他的皮肤。

你可以让孩子轻轻地抬起自己的四肢，然后你来描述和评论他正在做的动作，以增强他的注意力和身体知觉。你也可以让孩子平躺着，然后有大人待在他的头部附近、脚部附近或身体的一侧，大声说"我想让你把手抬起来"、"把脏脏的脚抬起来"，此时孩子就会把脚或手抬起来。治疗师可能会建议你让孩子保持这种动作几秒钟。

曾经用过的一些方法随着时间的流逝和广泛使用可能会逐渐失去作用，因此你要不断寻找新的方法来满足孩子对于压力的需求。

建议 3C：如果你能在任务中不断满足孩子的感觉需求，就能增加孩子在任务上持续的时间。

如果你的孩子本斯是视觉型自闭症儿童，他就会不断地探索他所在的环境并对视觉图像非常感兴趣。此时你可以考虑使用能够吸引他的兴趣的、不断变化图片的计算机程序或应用程序。一个例子就是"大冒险行动"*，家长或其他人通过大冒险行动，用动听的声音、短视频和吸引人的图片来教孩子符号、阅读、接受性语言（通常是书面语）。如果本斯能点击鼠标答对问题，那么他就可以看到一幅有趣的画面：屏幕上一辆车呼啸着跑来、三个篮球一起向他滚动、火箭升空或一个滑雪者正好开始在空中下降。

如果你的孩子是触觉型自闭症，当他在做事或看书时需要触摸到某种质地的东西时，可以让他拿一个大的塑料瓶子，瓶子的三分之一装满了东西：干豆子、扁豆、玉米、大米、一串珠子或是其他东西，瓶子里的东西都可以供他来触摸。当他专注于某件事时，可让其一只手伸进瓶子里，触摸里面的各种东西，此时他的注意力仍在任务上。可以在瓶口圈上一层布，防止瓶子里的小物件弹出瓶子（这层布不能阻止他把瓶子里的东西扔出去，但是可以让他在将手伸出瓶子时，带走最少的小物件）。

如果你的儿子詹姆斯需要非常多的触觉输入，但是大米和豆子的触觉并不能满足他的触觉需求，你可以试试其他易收拾、能带来更大触觉刺激的东西，例如粗布、丝绸、砂纸、人造刺毛、软的化妆刷等。

如果你的女儿斯蒂芬妮只需要轻微的感觉输入，那么可以让她轻轻拍打一袋玉米粉或是玩玉米粉。她的姨妈苏姗在玉米粉里加了一点水，

---

* 大冒险行动是 Silver Lining 多媒体公司为视觉型学习者设计的软件之一。他们公司的产品能够为自闭症、脑损伤、脑瘫、唐氏综合征、发展迟缓、失语症或其他需要辅助沟通的人士服务。他们的一款图片软件将为英语作为第二语言的人士和特殊教育学生提供了学习新词汇的极好方法。他们的 App 在 iPad、iPod、iPhone 和电脑上均可搜索到。你也可以访问他们的网站：www.SilverLiningmm.com。

这样就形成了一条小水流，但是这个小水流是可以随时中止的。

如果音乐能帮助你的孩子长久而持续地专注在任务上，那么当他在进行任务时，播放一些他喜欢的背景音乐，或是让他掌管收音机、激光唱片（compact disc，CD）、平板电脑（iPad）或是其他任何装着他喜欢的音乐的设备。如果你的孩子喜欢音乐，让他听所有的音乐而不是将他限制在你认为适合他年龄的音乐种类里。也许本斯最喜欢奥蒂斯·雷丁（Otis Redding）的作品，而艾米则喜欢重金属音乐。（以他们的年纪可能跟不上旋律，但是他们可能会非常需要各种不同类型的复杂的声音，甚至是交响乐。）

即使你的孩子相较以前更能与你互动，但他们依然可能会在短时间的交流后便不再关注你。此时给予他们惊喜能帮助他们更加关注你、关注手头的任务、关注沟通、关注新的活动。

建议 4a：使用戏剧元素和惊喜。

在各种场景中创造性地使用这一方法。

戏剧性

你可以成为一个爱大惊小怪的事儿妈或事儿爸。你的孩子有可能对你表现出的夸张情感、歌剧般的姿势、强烈的面部表情、奔放的肢体动作、不断变化的声调和音量很受用，反应良好。那就尝试一下！当你变化声调、改变用语时，一开始你的孩子可能会对这些复杂的语言感到困惑不解，因此你可能需要先使用一些简单的语言。

当试图与孩子沟通时，你也许会发现，用唱歌的方式或以悄悄话的方式进行可能会使你的孩子更易被你吸引。

同时，你也可以尝试一下视觉惊喜。家长发现自己表现得更加幽默可以吸引孩子增强注意力、增加交流，同时又可以使彼此的感情联系更加深入。因此，如果你的阿普丽尔视觉非常敏感又很难参与活动，那么可以

2
如何抓住并集中自闭症孩子的注意力，发展其应对变化的能力

通过创造一个意料之外的视觉玩笑来吸引她的注意力，促使其参与活动。

如果阿普丽尔喜欢放学后在浴室里待上数小时，那么你可以改变浴室的环境。某天，在她放学回到家之前，你可以把浴缸中装满球，用淋浴帘子遮住浴缸，给她一个惊喜。

如果你要和你的孩子鲁比一起玩浴缸里的水，你可以扔进去一些带颜色的浴盐、安全的食品染色剂。如果你之前没这样试过、没有经验，你也可以撒上一些皂花、花瓣或使用一些起泡的香皂或剃毛膏，或放进一个上弦的可以自己游泳的玩具鱼。

总之，你要不断地给孩子带来各种惊喜。

惊讶

在给孩子准备午餐时，把一块苹果放进饭盒里。你可在苹果核位置放一只树胶虫子。

你可以使用像木偶一类的一到手上就能立刻动起来的玩具。木偶有人类、恐龙、宠物、鸟或其他孩子熟悉的动物的造型，玩木偶能促进家长和孩子的互动，并帮助孩子发展想象性游戏。

建议 4b：尝试错觉和魔术。

虽然你的孩子可能有多个感官和发展方面的问题，但除非他是最严重的自闭症，否则他都会非常清楚下落的物体会朝下掉而不是朝上掉；物体并不能轻易地穿过固体等。如果能够违反这些自然规律，就可能使孩子感到惊奇。因此，魔术能吸引自闭症孩子的注意力。

Paul J.Callahan 博士研究出了一整套的魔术把戏来增强他所治疗的儿童的专注力和注意力。需要的话，他可以"吞掉"一整块骨头，然后把它咳出来；把铅笔伸进一只耳朵，再从另一个耳朵伸出；在贝壳里移动和隐藏一件小物品，让它们出现或消失以增加趣味；同时还有其他许多需要灵敏、速度、富有想象力的吸引人的小把戏。

如果你很擅长这些把戏，那么你可以把它们收藏到你与自闭症孩子交往的方法宝库里。

书和玩具这类看起来不会产生太大效果的东西，其实也值得尝试。

例子

乔治正在和他的妈妈一起看一本关于蝴蝶的书，边看还边指出每页书上画的蝴蝶。大部分的书页都是纸做的，但是接下来的这一张是透明塑胶做的。乔治指着画上的蝴蝶，没有一点期待，只是看着这些蝴蝶。突然，当妈妈翻过页时，塑胶上的蝴蝶好像是活的，要飞向书的另一边，乔治望着蝴蝶，惊呆了，多么神奇！

建议 5：当孩子难以参与时，要利用他要求恢复秩序的驱动力使其交流。

你可以通过制造一些混乱的局面让大卫收拾，来与他交流。

例如：寻找丢失的眼镜、鞋子、钱包。

假设你儿子大卫有非常强烈的要求完整和恢复秩序的意愿，你可以利用这一特点。你可以拿走衣服上的一些常用小物件或配饰，让这些物品的丢失引起大卫的注意。你自己、配偶、家庭成员、保姆或护工可把这些大卫认为是重要部分的东西放错地方。这类事物的缺失造成了大卫需要修正的混乱状态。

你可以故意丢失读书时要用到的眼镜。在你要求大卫找到眼镜之前，他曾经见到过这个东西摆在哪里。你可以大声叫嚷："大卫，快来帮我找找我的眼镜！"要确保在你的眼周围有眼镜圈印子。给出"找到"或"给我"的信号，大卫就能马上为你找到它。

但不要让大卫放弃找眼镜的任务。将眼镜折起来正面朝下放，把它像头巾一样戴在头上，然后发出求救的信号。这样即使一个状态非常不好的孩子也很难不去够你的眼镜。也许你还可以试一下玩具眼镜、阅读器、墨镜，让孩子来找这些东西，他或许也会感兴趣。

相似的，如果你很凑巧地把一只鞋"放错"，放到了房间的其他地方。你可以只穿着一只鞋笨重地去找大卫，大声发牢骚："我的另一只鞋子去哪里了？""大卫能帮我找到吗？"

对特定的人，孩子会将这个人与某个他常用的物品（如围巾、领带、手表、钱包或耳机）联系起来，因此可以让他去寻找这件东西。

如果丢失物品对大卫产生的压力过大，可以先从打乱这些物品开始：出现在他面前时，你戴的棒球帽皱皱巴巴的；如果你一般都系领带，此时则可把它随意搭在肩膀上；如果你常穿背带裤，你就让其中一条带子从肩膀上滑下来。

推论：你的孩子可能会发现你的耳环、袖扣、围巾、手套都与你不配套，她希望能把这些东西移走。通过鼓励她指出"要摘掉的东西"来与她交流。

建议6：待在孩子的视平线上或与孩子同高，以使互动最大化。

记住，对于大多数人来说，抬头看人要比低头看人累。

建议7：如果你的亚历克斯浑浑噩噩好像迷失了自己，你可以通过帮他打开所有通道，使他恢复正常。

一些自闭症儿童看起来是不可接近的，甚至会故意远离人。但你可以通过打开所有通道来重新"抓住"他，我指的是使用所有可能的方式来沟通，不仅仅局限于图片、口语、手语、剧烈的身体姿势和夸张的面部表情，你要不断地给他各种信号，像灯塔一样指引他。当你的孩子好像被某些感觉吸引住时，你要能分辨出具体的起作用的感觉类型。

如果你的亚历克斯仍停留在需要很努力才能搞清他面临的感觉刺激是什么的状态，那么要让他注意你，同时需要你给他更多的线索。当你出现在他面前时，你需要表现出更多的一致性，即使是一点小小的变化，也可能让亚历克斯陷入慌乱或是认不出你来。如果你不再使用往常用的香水或须后水，他都会表现得非常惊愕；傍晚他到你的房间，发现你带着白色的手套保护双手，可能会尖叫着离开房间。

如果你在一个奇怪的时间出现在他的学校，他看到你时可能会尖叫或者根本认不出你。因为你出现在一个错误的时间里。他可能也不能接受别人没出现在一个他们通常在的场景或地方，因为这违反了他对正常秩序的理解。

我们都在不同程度上有过这种体验：当我们在杂货铺遇见某些人时，我们可能认不出他们下班之后的样子。这是由于场景的变换导致的。

在亚历克斯需要很多一致的线索来认知你的那段时间，你应考虑在所有场景都使用同一形象或在对他或对你合适的某段时间里使用同一形象。以下是抓住和维持他的注意力的一些方法：

- 一款有个性的胡子。你可以在一段时间内使胡子保持同样的形状或颜色。
- 一款专属的香水、古龙水、沐浴液或香皂。
- 深色的指甲油或是每个指甲上都有不同的颜色，各个颜色和指甲间颜色的变化都会吸引孩子的注意。
- 有特色的妆容、发色、珠宝、眉心点、发饰、领带、腰带等。
- 在腕套上挂个响铃或戴好看的手镯、脚铃，总之戴个能发出叮叮咚咚声音的东西。
- 穿材质很软、颜色鲜艳的衣服。
- 如果孩子喜欢，则尽可能多地与他进行身体接触。
- 多说话、唱歌、哼唱及吹口哨。

抬起头来！ 不要因为非言语型的自闭症儿童不会说话就认为他们不需要听声音了。他们需要被声音轰炸！对于由很多词构成的句子，你

2

如何抓住并集中自闭症孩子的注意力，发展其应对变化的能力

要不断重复第一个单词，这是非常有用的，即使有时这些句子听起来有点蠢，如"快帮海伦藏起布丁！"*

如果你用非常明显的气味、配饰或某种胡子来作为提醒物，长时间后，你的孩子就会将这种气味、配饰视为你的必要部分，把你与这些东西联系起来。如果某天，你变换了这些东西，他就会很恐慌甚至不能完全认出你来。你应该逐渐建立起他必需的灵活性，缓缓地改变并使他安心。

例如，你知道你的自闭症孩子将你与你的眼镜视为一体，然而你又必须要换一副新眼镜。那么你可以尝试换与你之前的眼镜框架类似的新眼镜。通过向他呈现一些完全不同的眼镜来引入新的眼镜。你可将这些不同的眼镜戴在眼睛上并询问他"是这个吗"。此时，你希望能引起他的交流，并使他赞成新眼镜。如果孩子对这些迥然不同的眼镜摇头或说"不是"，那你要将这些眼镜摘下来并换上仅有一点点不同的新眼镜，接着问他"这个怎么样"、"这个好多了吧"或其他与之类似的话。这样能取得较高的成功率。

如果孩子的注意力好像很容易分散，不能分辨出你和物品怎么办？

露西似乎对事物没有兴趣，她可能会被视线内的其他东西轻易地转移注意力，并且你可能会发现她的视线停在一个方向上，但她的手却不断在视线以外摸索。

检查她的周边视觉，也许她在大视觉范围内确实看到了她的行为。许多自闭症孩子有更大的周边视觉。但如果她的手和眼确实没有协调工作，而你想帮助她手眼协调，那可以从给她简单的任务开始，提供给她可以感受和听到的东西，在她脑海中留下印象。

---

* 听觉轰炸的灵感来自美国言语治疗师 Lynn Medley。这项技术应该运用到所有的语种中，虽然在某些语言中，最重要的音节是在单词结尾。

建议8：使用感觉丰富的、意料之外的任务来增强手眼协调能力。

　　让露西捡起一个小木块并把它扔在金属锅或饼干架上来制造声响。如果她不会这么做，父母可以帮助她。你可以握住她的手，将其轻轻地放在木块上，说出"捡起"、"下落"、"扔"的词语，并做出相应的动作。木块降落发出的声音可以帮助露西认识到：她做到了！正是由于她把木块扔到金属表面才产生了声音。你可以让她多扔几次。

　　如果她在扔木块时，眼睛不看自己的手，你可以轻拍她的手或向她的手吹气，看她是否能把目光转移到手上注意自己此刻的动作。你想让她看见并知道自己现在在做什么，察觉并听到发出的声音。如果产生的噪声太响了，你可以在锅上包块毛巾来降低分贝或将锅里添满水。这样露西会听到水溅开的声音而不是猛烈的碰撞声。

　　多多重复这种扔木块的活动，直到你发现露西开始全神贯注地融入她正在进行的这项活动里，并且想要继续。然后你可以添加一些细微变化，把锅一点点地从这边移到另一边或逐渐离她越来越远。如果此时露西开始焦虑，你再把锅移回来。当你移动锅时，注意看露西的眼睛是否追随着锅。

　　然后你可以改变所使用的物品，可以尝试把橡胶鸭子、抛光的石头或塑料鱼扔到水里或试着使用投到水里后会滋滋作响的浴盐；每10～15分钟可以更换一次投入的材料。但你要在露西依然有兴趣时就停下来以保证第二天这项活动依然能吸引她。

　　你可以用更大更深的容器盛水或用能发出更大声音的金属架来不断重复此项活动。直到露西可以不借助外力或他人支持，自己能向容器里或饼干架上扔东西。

　　通过这项活动，你可以帮助露西知道怎样进行手眼协调。你让露西亲身体验到她是可以对外界产生影响的，这为以后露西理解自己的话也可以对外界产生影响打下了基础。

建议9：通过选择家具以定义阿娃周围的空间和增加感觉输入，增加她投入任务的注意力和时间。

家具的形状和室内的构造可以在一定程度上增强孩子对游戏、拼图或书的专注力。

当孩子坐着的时候，你可以考虑使用带弧度的桌子或台子把孩子围起来。如果你有几个自闭症孩子，一张星星状的、带有隔离区的桌子会是有用的，半月形或是花瓣形的桌子也可以，带扶手的椅子或篮球椅也可以帮助孩子固定位置。

你还需要考虑室内的物品与儿童的手眼之间的关系。家具和其他物品的尺寸、形状和比例都可以帮助固定孩子。

你还可以考虑通过家具来满足孩子的感觉需要。孩子可以坐在瑜伽球、椅子或充气垫子上，在玩拼图时能不时稍微弹起并获得一些感觉输入。这样可以帮助他更好地集中精力。当坐在摇椅上或椅子能轻轻晃动时，孩子可以很好地做事情；一些年龄较大的自闭症孩子在跑步机上或骑静止的自行车时，能把任务完成得更好。

建议10：如果你和自闭症孩子玩耍和做事时大都待在某一个房间里，则要尽量减少这个房间内会分散注意力的东西。

如果艾玛特别警觉，经常扫视房间，当瞥到某个她此刻没使用的书或玩具时，她可能就会分散注意力到这些上面。试着把现阶段不用的东西放到带盖的储物处，将橱门关上、窗帘拉起，或是把东西放到盒子里。

根据外面的状况，你可能会需要大窗帘、百叶窗或是在窗户上安装不透明的薄膜。

尽量避免使用荧光灯照明。它产生的声音和变换的颜色容易使自闭症儿童分散注意力。

发展应对变化的技能

建议11：为了发展应对变化的技能和灵活性，稍微更改一下你的孩子喜欢的、可以预知的常规活动。

我们鼓励自闭症孩子应对变化。你可以使他们先应对环境中发生的小的变化，为锻炼他们应对变化的能力提供机会，并在应对小变化的能力增强后逐渐应对突然的变化或复杂的变化。

首先，你可以将已确定的活动稍加拓展，尝试一些小的变化。如果你向孩子传递沙包，由他把沙包扔向目标点。当给他传沙包时，你可以改变一下之前站的位置，站到一个新地方去。这是一种位置的拓展。

如果你的孩子在室外玩沙子，他把沙子从杯子里倒到桶里，那么你就移动桶。这是一种位置的拓展。

如果你的孩子轻易就能适应新的位置，则你可以尝试不同的桶。

你可以试着给孩子软球或是挤压的玩具让其朝目标点扔去，而不是扔沙包。这是一种物品的拓展。

如果你的孩子能应对好所扔之物的改变，那么就由另外的人递给他软球，这是人的拓展。

这些是在进行任务和活动时，你可以引入的所有微小变化的总结。[米勒博士引入"PLOP"记忆术来提醒父母和照料者所有的拓展的类型，即：人员（Person）、位置（Location）、物体（Object）、姿势（Position）。]

建议12：当你的孩子已经能够接受可以预知的活动里的小改变时，你要尝试打断他。

例如：假设诺姆正在用小瓶装水然后将水倒进深锅里。当他正准备再倒时，你要把瓶子从他手里拿过来。

假设雅各布正在吹泡泡。当他深吸一口气正准备吹时，你把他手上的泡泡器碰掉。

假如露西正准备和你一块散步，她已经习惯了这个每日活动，并能跟上你的步伐。当你们定下了一个一致的、舒服的步调后，你突然转弯，让她来追随你，并说"我改变主意了"或者"我们走这边"。

当安鲁希卡玩积木时，你突然出现，坐在建好的积木群和单个的积木之间，这样她就必须站起来，绕过你来拿新的积木。

当你的孩子面对小的改变和突然的中断表现从容时，他们就准备好面对意料之外的混乱了。

建议13：当时机恰当时，你可以尝试在熟悉的环境里进行剧烈变化。

控制状态下的混乱对任何人包括你的自闭症孩子而言都是一项挑战，但它会刺激孩子的发展。如果你认为你的孩子还没有准备好应对完全的混乱局面，先进行一个不那么激烈的实验，然后再尝试其他方法。

你可以使用任意物品，在任何你已经建立了一套常规和秩序的地方如游戏室、室外等地来制造意料之外的混乱。

意料之外的变化的一些小例子

赖利走进餐室，他看见一张椅子面朝下放在桌子上，椅子是因为刚刚拖地才这样放的。此时你可以说："噢，怎么这样？赖利，让我们来修正这个错误。"然后帮他把椅子放在正确的位置。

发生在游戏室里的剧烈变化

如果索菲有自己专属的、固定的游戏区域。区域内家具、玩具和艺术品都有固定的摆放位置。你可以通过把桌椅倒置、玩具四散、东西到处扔、纸张揉成一团来制造出强烈混乱。你要为这些垃圾纸张准备垃圾桶。如果家具容易组装，你可以把桌子的一两只桌角拆卸下来。如果房间里铺着地毯，则你可以把地毯卷起来。你要确保在制造这些混乱时，索菲是不在场的，不要让紫菲看到。

你可以像往常一样把紫菲带到游戏室里，用惊讶的语气大声说："天哪，怎么乱成这样了！我们必须把它弄好。"很多孩子会立即开始收拾，恢复秩序。相反，如果此时索菲开始哭，则你要帮助她认识到她是可以自己处理这些事情的。你要帮她把娃娃放回原处，把积木收起来放到橱子里，把纸张堆成一沓，把蜡笔放到笔筒里。

也许从收拾垃圾开始是最简单的了。

发生在室外的例子

如果洛根喜欢在后院、花园里玩耍，那里有塑料的儿童游泳池、水管、秋千、平衡木、跷跷板、沙坑。同样地，意料之外的混乱也可以在那里发生。

当洛根在学校里时，你就在家里把儿童游泳池掀翻。如果儿童游泳池里有玩具，你可以把它们散落在草地或路上。你也可以把玩沙玩具分散在各处；把花园里浇水的软管放在另一个不常放的地方；把秋千绑起来；把跷跷板上的板子拿走；把草坪上的躺椅掀翻；把沙坑用布、盖子盖起来。

当洛根放学回家，就把他带到这里来，并说："天呐，看看这里，快来帮我把一切恢复过来。"

为什么意料之外的混乱是值得的

成功地处理混乱局面能够增强孩子的自信心和完成感。他们还能从推、拉重物带来的重压中受益。当孩子们把玩具放好时，他们的空间知觉也增强了。如果此时你和他们一起干，可为他们以后与其他成人或儿童的合作打下基础。

为什么意料之外的混乱有用

意料之外的混乱有用是因为它利用了孩子强烈的、要求秩序的意愿。虽然每个人都会有这种要求，但对于自闭症孩子，这是一种极其重要的驱动力。用自己的双手恢复秩序教会了他们这种恢复是有可能的，并且他们有能力这么做。通过训练，自闭症孩子变得更加能耐受这个世界固有的一些混乱状态。注意，要使混乱策略有效，你的孩子应积极地参与到活动中来，并且你的打乱计划是有安排的，你不能随意地打乱一个他不熟悉的活动。

建议14：一定要注意，只有当意料之外的混乱引起孩子惊讶时，它才有用。

小插曲

发生在厨房里的意料之外的混乱

除非你对胡思乱想时控制身体活动、口渴缺水、穿成人内衣等很熟练适应，否则照看孩子时你必须时不时停下来，即使这些停顿很短暂。

但是，事情就是会发生在你不在场的那一刻。感觉需要会驱使着孩子制造出你意料之外的混乱。你一定会遇到这种情况！

例子：厨房面粉爆炸

厨房里突然静止得可怕。5千克重的一袋面粉撒下，好像是天花板发生了爆炸。但它是静止无声的，慢慢在空气中飘散，最终面粉落到了地面。

从房门到柜子到地板，厨房表面所有的地方都均匀地覆盖了一层面粉，像是刚下完雪。除了对将来临的面粉爆炸的恐惧[*]，此时的厨房是平静的，你也一样……

地板上一串小小的白色脚印，暗示着你的孩子已经小心翼翼地快速逃跑了。

---

[*] 是的，散落在空中的面粉燃烧是会发生爆炸的。

· 3 ·
如何使沟通最大化
——诱导沟通

自闭症孩子可能要很努力才能进行沟通并有可能生活在挫折与无助中。但你可以通过与孩子交流来减轻他的这些挫折与无助。

　　米勒博士指出沟通的方法是：使用基于日常事务的策略来发展手语、图片、文本、口语*等沟通方式。你的基本的沟通计划包含两大部分：一是利用已存在的、孩子熟知的方式来交流，例如涂写、开和关、将小汽车放在之字形坡道上滑下、把杯子挂在吊钩上或是搭积木。二是创造新的方式，例如把容器中的水倒入水车中。

　　当你的孩子完全沉浸在自己的活动中时，你可以中止活动并坚持不让他继续，直到他和你交流后才让他回到原来的活动中去。你可以通过中断已存在的系统或开始新的、他喜欢的活动然后再打断来进行沟通。

　　你知道的，破坏活动总是有效的，并且它不仅在自闭症孩子身上有效，同时在不同的沟通方式中也有效。不论沟通方式是手语、图片交换系统（picture exchange systems，PECS）**、声音输出设备或是口语，它都可以发挥作用。发展新的沟通方式来辅助已有的方式几乎对所有人都有用。在米勒博士多年的实践中，大部分的孩子是无言语或是刚开始说话者，因此文中给予的建议大部分是针对这类孩子的。但是米勒博士的活动中断法、提供新的沟通方式的做法可高效适用于所有的沟通方式并且能够适用于所有的自闭症孩子。

　　让我们从引导孩子沟通开始，教孩子运用手语、图片、口语、文字来交流！

---

* 你也可通过手写、键盘输入或辅助沟通，诱发口头或文字交流的其他方式。

** 图片交换系统使用的是抽象的符号，它并不是最开始发展早期沟通系统的理想选择，尤其对刚发展出全身知觉的自闭症儿童来说更是如此。图片交换系统应用时离身体远，给予的是视觉反馈而非感觉反馈，当使用的是明显不相关、不被认可的口语强化时，孩子会对此感到陌生、厌烦，因此注意力分散。用手语作为沟通的开始，对许多有感觉需要的自闭症孩子来说是一个更好的选择。象征性的图片和真实的照片可作为之后进行沟通的重要辅助物。

沟　　通

建议 15：手语是必需的。

我们不能过分地夸大手语对无口语能力或口语能力发展迟缓的自闭症孩子的作用。但手语确实增强了孩子对于口语的感知力，增加了他所理解的口语词汇（接受性语言）的数量，增加了他表达自我的能力，并且即使对于普通孩子，手语也能增强其智力。

一些家长害怕手语会延缓口语的发展，但是我们所有的实践经验却得出了一条相反的结论：当你在说话时使用手语，手语能澄清你的语意，并有助于引发口语。

建议 16：是的！当使用手语时，一些不能口语的自闭症孩子开始变得能够说话。在这类情况下，手语克服了孩子不能口语的问题。

例子

乔治的爸爸给乔治带了薯条作为他午饭的辅食。乔治看着薯条，嘴里开始流口水。他爸爸边说"薯条"边打出了表示"薯条"的手势。只有当乔治做出"给我"的手势时，爸爸才把薯条给他。乔治得到了一些薯条并开始大口咀嚼，他看起来非常喜欢薯条。想象一下，当乔治的同学康纳，一个不能口语的6岁孩子也做出"给我"的手势并且发出含混不清的"给我"时，他的爸爸将会多么惊喜！

康纳的老师发现康纳懂得一些表达性语言的词汇。实际上，只要他先用手语表达，继而多加练习，这些词汇他是可以说出来的。

手语的作用总结起来就是：

- 手语能增强智力
- 手语能帮助建立接受性和表达性词汇
- 手语能刺激口语，减少或绕过失用症
- 手语能减少挫折

建议 17：使手语尽可能形象有趣、好玩、有意义、可表达情感。

这意味着手语最初就应该被用作最基本的生存沟通方式，成人间以及成人与自闭症孩子沟通时都应该使用手语。他们应该享受手语。你的孩子可能特别喜欢诸如"跳"*之类的动词，但是重要的名词也应该有同等的地位。

使你的手势带有强烈的描述性，使你的手势形象有趣！通过肢体语言、面部表情、头部角度、模仿表演、目光接触甚至手势幅度大小，来使你的手语更具有意义。

例子

如果你用食指在太阳穴附近绕一周做出表示"疯狂"的手势，同时双眼做对眼、摇头、伸舌头将会使意义更加形象。

建议 18：当你做手势时，不要忘记说出语言。

这意味着你在打出一种手语后（如标准英语手语），紧跟着要说出口语。咨询言语治疗师。如果你的孩子已经掌握了一些口语，最初你可以模仿孩子的讲话方式。如果你的拉克希米通常说两到三个词的句子，那么你也应该这样说。带介词的长句子在这一阶段并不起作用。

叙述事情的作用巨大，它能增加孩子的接受性词汇并且能增强语言表达能力。因此，当一天即将过去时，你要叙述事情：用简单、直接的语

---

* 本斯很喜欢做出"跳"的手势。他曾经在寒冬里，邀请全副武装的门警和我们一起跳进酒店前的水池里。本斯的手势是如此诚恳，以致门警还因拒绝了他的邀约而道歉。

言来描述孩子今天都做了什么、你自己做了什么；评论天气或任何能够引起孩子兴趣的事情。

在使用手语时不要太手舞足蹈，这样的手语孩子很难跟得上。

建议19：你选择的手语应该适合孩子现阶段的状况。

假设你的约书亚目前还没有足够的身体知觉，无法做出"喝"的标准手势。那么你要为他选择有皮肤接触的表示"喝"的手势。你可以让他用手指轻轻在喉咙处滑动表示"喝"，代替标准的表示"喝"的手势。

建议奏效的原因

一些自闭症孩子几乎没有感觉或身体知觉。他们存在很少的身体知觉，不能充分感受到手的运动信息，以致他们不能在空中打手势。这些孩子可能需要依赖或至少在初期需要依赖能增加感觉输入的手势。这些感觉输入是通过触摸自己身体或产生噪声的手势获得的。你可能需要调整孩子的手语使其适应目前的神经状况。

假设你的罗伯托很喜欢狗但是做不出标准的手势词语"狗狗"，可以让他打个响指然后拍拍自己的大腿来呼唤狗。也许米勒法中的手势词"狗狗"更适合他：让罗伯托举起双手至胸前，手腕弯曲像爪子一样，并让他张嘴喘气；如果他都能做到，再让他把舌头伸出来。米勒法中的"狗狗"手势很形象，能立即被辨识并且对大部分孩子来说做起来也非常有趣。

家长要注意，您应该教您的狗对这种手语命令做出反应，这样即使自闭症孩子不能口语也能与狗沟通。

建议20：调整你的手语教学使其适合孩子的感觉神经状态。

如果孩子接受身体接触，你就尽量手把手地指导教学。如果不能，你就要与孩子并排站着或跪着（确保与孩子在同一视水平线上），和他平行，与他一起做手势。

你可能需要为孩子选择特定的手势。你所教的手势要能提供感觉输入，同时你要尝试根据环境使用新的手势。

乔利可能会很喜欢皮肤接触，用手把手教的方式可以使她迅速学会新的手势，你可以握住她的手帮她做出手势。而利亚姆可能会很讨厌皮肤接触，因为感觉输入量太大了，这样手把手地教他，他是学不会任何东西的。像他这种情况，你可以站或坐在他旁边，与他平行，在他旁边做手势，你尽量不要把手举太高，因为向上看比向下看要费劲。

如果你的艾米莉在上述两种情况下都不能做手势，那么她的手部可能需要更多的刺激，应向她示范该怎样使用双手。

例子：教艾米莉一个表示"过来"的手势

问题

艾米莉在学习"过来"手势的时候，她可能经常会遇到这样一个问题：为什么她的手做一些动作——把手放在胸前，就能让某人离得更近呢？家长推测，可能是因为"过来"的手势动作——把手弯曲放在自己胸前与他们出生时想要某人过来抱起他们时的手势——双手张开向外伸是完全相反的。

程序

艾米莉喜欢把洗碟盆里的水倒进水车里。为了利用这项活动来促使艾米莉做出手势，她妈妈会站在艾米莉和她的玩具之间，手里拿着一瓶水，鼓励她做出"过来"的手势后，才让她玩这项活动。艾米莉爸爸站在艾米莉旁边手把手地教她做出这个手势。

反应

第一次尝试时，艾米莉看着妈妈手里的水瓶做出了不合规定的表示"更多"的手势，因为之前她曾用这个手势获得了自己想要的东西。当这个手势不管用时，艾米莉开始用爸爸的手来做手势。

提供更多的感觉输入

至于为什么艾米莉不用自己的手来做手势，米勒博士解释说，有可能是因为她的手部没有充足的感觉信息或她不清楚自己的双手会发挥怎样的作用（当然，也有可能她仅仅是更喜欢让爸爸来做这个手势）。

如果你认为你的孩子也像艾米莉一样需要对自己的双手有更多的感知，就应让孩子多多练习使用双手。你可以创设一个能让孩子获得重压且其手部也能获得一些刺激的环境。重压可以帮助她集中精力，而练习则可以让她更好地感知自己的双手。

一个给孩子提供重压和手部练习的方法是：让孩子平躺在地板上，你仔细选择一或两件重量合适的物品放在她身上。旧电话簿、字典、大枕头、袋装大米或任何安全的、边角轮廓为圆形的东西都可以。你可以尝试将物品放在不同位置，放在大的骨骼处可能会有效。

当艾米莉觉得书或其他物品压着她时，你可以教她怎样把东西推开。先用右手推，然后用左手推。有时你需要握住她的一只手，这样她就必须用另一只手越过身体中线推开物体。你可以使用不同物体来造成重压，5分钟后重新开始教她表示"过来"的手势。

稍加练习后，只要妈妈拿着水瓶一出现，艾米莉就会伸出手很确定地把手放到胸前，此时艾米莉很明确地知道这一动作可以让妈妈（和水瓶）离她更近一些。她理解了这个手势！

你的艾米莉会很高兴她的新手势能帮她把某人带得离她更近一些。

总之，你要记住使用重压来刺激手的动作。如果你认为缺少对手的知觉是孩子不能做出新手势的原因，那么我们建议你像之前对待艾米莉那样尝试压力生成法。你也可以尝试一些增强手部力量的游戏和练习，如挤握软球，并进行能强化身体总体知觉的练习如拔河比赛。

重压和追逐打闹也有可能减轻失用症。

建议 21：利用自然的机会教新的手势。

前文中的艾米莉开始习惯了倒水时手的感觉。倒了一段时间水后，她进入了"倾倒"手势的高效学习期。

如果你开车经过一个味道很重的畜牧场，此时你可以教表示"臭味"的手势。

如果你的孩子很喜欢咳嗽的声音，你可以教他表示"更多"的手势，他做出手势后你立即开始咳嗽。这样他立刻就能学会"更多"的手势。数分钟后，你自然就有机会教他表示"足够"和"结束"的手势。

建议 22：通过抓住孩子自然的姿势唤起她隐藏的手语。

你的基拉可能非常想与人交流，但要她与人沟通却面临着巨大的困难。你可以通过唤起她还没完全表现出来的手势来帮助她。

为了引发手语交流，你可以让基拉参与一些她喜欢的活动如向盆里倒水等。你还可以准备很多她常用的盛水容器，不断地递给她容器，并说"倒吧"，直到她完全沉浸在自己倒水的游戏里。这种沉迷的程度告诉你，现在倒水对于基拉是一个重要活动，她需要这项活动并且想要持续这项活动。

你看到基拉完全沉浸在倒水的活动中，在她把瓶子倾斜想要倒水的那一刻，你就把瓶子从她手上拿走，中断她的倒水活动。在你把瓶子拿走的那一瞬间，基拉还持续着这项活动，手部还下意识地做着倒水的动作，好像瓶子仍然在她手里一样。

如果你注意到了这个动作，就把她的动作看做她内心想法的真实表达，立即把瓶子还给她。此时你要说："哦，基拉想倒水啊。"不断重复这个过程，则她的倒水姿势就成了一种信号，即每次她做出这种姿势时，她都释放出想要回瓶子的信号。如果它还没有形成信号，那么随着时间的流逝，你也可以逐渐把这种姿势塑造成一种可辨认的要倒水的手势。

3
如何使沟通最大化

为了在孩子的手语词汇中增加更多的功能性手势，你可以发展现阶段孩子的游戏活动，并抓住这些活动中产生的自然姿势。你也可以增加孩子的游戏活动并中途打断这些游戏，抓住由此产生的自然姿势。

上述案例中，你使用的都是米勒法中的"产生和诱导手语"策略。实际上，家长、亲属和其他照料者都在为孩子们每天使用手语创造动机，为孩子们使用手势重新获得物品以使被打断的活动得以继续创造动机。随着时间的流逝，这些做简单手势的能力可以拓展为做出复杂请求的能力，但这项拓展要从发展交流和增加孩子沟通的乐趣开始。

建议 23：不要忘记推广手势。

如果"过来"的手势对爱娃来说是一个新手势，那么当我们教她这个手势时，我们想让她明白，不论这个手势的发出者、看到者是谁，也不论场所如何，这个手势的涵义始终是不变的。因此，你要在不同人、不同场所、不同情境下都让孩子使用这个新手势，让孩子在桌子边、在浴缸中、在水槽里、在游泳池里使用"倒水"这个手势。

建议 24：当孩子在场时，你与其他成人交往也要使用手语。

孩子看到越多的手语，他们就越能精通手语。同时他们也能明白使用手语并不是一项惩罚，也不是只有小孩子才会用，它是通用的。

建议 25：如果你的孩子使用一种手势来表达所有的事情，你该怎么办？

也许你的安迪只会表示"更多"的手势，并想让这个手势包含所有的意思。即使你已经知道安迪想要表达什么了，也不要允许安迪在任何环境下都使用这个手势来表达所有事情。自闭症的某些特征可能会成为安迪扩大交流的阻碍，你需要让安迪能够彻底地交流。

你要承认她的"更多"的手势，但也要帮她增加手势的数量。你可以询问细节："更多菠菜？还是更多雪糕？""要更多芹菜，还是一个德芙棒？"

如果安迪还不能点头表示"是"或摇头表示"不是"，那你要为她提供帮助，帮她完成这两样动作。你可以给她提供喜欢的玩具，然后触碰她的下巴，以增强她对脸和头部的知觉，并施加一种向上的压力来帮助她点头表示"是"；在她耳周稍稍用力，使她能够摇头表示"不是"（具体的动作、技术可咨询言语治疗师）。点头表示"是"、摇头表示"不是"、飞吻、竖起大拇指，这些是最简单的早期沟通的手势，你可以教孩子这些手势来扩展孩子的沟通。

建议 26：帮助你的孩子发展一套常规的手语沟通系统。

不要忘记你的自闭症孩子在常规活动中会感到放松并能预见会发生的事情。你可以利用这一特征来增强手语的流畅性。你可以根据孩子的个人兴趣，教他一些简单的交流手势，这些交流手势变化小，但能产生预期的效果。这一交流活动可以成为常规的手语活动，孩子会很愿意与你分享并扩展它。你可以通过增加这些交流手势的数量来建立孩子的手语目录。随着时间的流逝，这个手语目录可以构成一个沟通的系统，最终可用来与所有人交流。

一开始，你可能要使用少量的语言，你在做手势的同时要讲出口语。下面是一位家长为他喜欢小孩子的儿子建立的一套交流方式。

乔尔用手语表达：看，一个小孩儿！

家长回答：噢！真漂亮。

乔尔问：我能抱他吗？

家长回答：可以。坐下来，抱好他。

乔尔：小孩子真漂亮。

家长赞同：是啊！要亲一下他吗？

乔尔：要的。

如果你的孩子对你的外表很关注，你也许可以利用这种关注来激发他进行一场关于外表的谈话。你可以一次次地展开或中断这场谈话。一位母亲发现他的儿子很讨厌她戴发夹，并且不想让她戴耳环或手表。她那防水的、好用的、手表的滴滴声好像让他很恼火，他把它扔走好几次了，然而不知怎么回事，妈妈的手腕上总是有一块手表！

亚历克斯指着手表，打手语：把手表拿下来。
你回答：亚历克斯想让我把手表拿下来？
亚历克斯猛地点头：是的！
此时你可以尝试转移他的注意力。
你边说边打手语：手表的声音很大吗？
亚历克斯用手语回答：是的！拿下来！
你：好的。
但是你并未行动，这使亚历克斯又开始打手语。
亚历克斯：拿掉！
你同意，但是又拓展话题：好的，现在拿下还是待会儿拿下？
亚历克斯：现在！
你慢慢地取下手表：把它放到口袋里吗？
亚历克斯：是的。
亚历克斯又指着耳环打手语：拿掉。
妈妈继续发问，用手语打出：亚历克斯想让妈妈把耳环拿掉？
亚历克斯：是的。
你回复：好的，一只耳环还是两只耳环？
亚历克斯：两只。
……

也许你觉得孩子没权利干涉你怎样穿衣和装饰，你的这些感受是合理的。但是此时我们首先考虑的是怎样让交流继续下去。

只要你的孩子可以应对，你都可以尽可能地扩展和延长谈话。他会喜欢这种他给世界带来改变的力量。

如果你那富有创造力、坚持不懈的手语教学尝试的进展停滞了，那么你可能需要后退一步。你的孩子也许还不能理解作为一种声音的词语会有意义。

如果你的孩子好像听不懂单独的、有意义声音的词语那该怎么办？

当你叫拉蒂莎的名字时，她似乎没有反应也不会走近。你首先需要带她去做听力测试，并去咨询言语治疗师。如果拉蒂莎听力正常但就是对口语没有反应，那么问题可能在于她无法把口语的声音和环境中的其他声音区分开：割草机的声音，小商贩的声音、车辆的声音、头顶上飞机轰鸣的声音，还有鸟叫的声音。米勒博士建议通过以下步骤将词语嵌入身体动作中，以使词语对孩子具有意义。嵌入的过程能够帮助孩子听到你的话语并做出反应。

克服自闭症儿童听不懂词语的一种好玩有趣的方法

1. 你要找到一个能吸引孩子的活动，如在操场的滑梯上爬上滑下或和他一起玩跷跷板。
2. 让孩子完成整个活动，如果他需要帮助，就给他提供帮助，同时你要使用恰当的口语描述他所做的每一个步骤。你可以用口语和手语表述"爬"、"向上"、"坐下"、"向下"、"滑"、"起来"、"过来"、"停止"。如果玩跷跷板，你可以用手语和口语同时表述"坐下"、"向上"、"向下"以及"起来"。

3. 要确保拉蒂莎在做你要求的动作时能够看到你的手势。你需要将语言（手语和口语两种形式）与它实际代表的动作配对。如果你可以选择手语系统中的不同手势来表达动作，则要选择与动作本身最相似的手势。

4. 在打手势的时候不要忘记说话，你需要让拉蒂莎听到你说话。

5. 你要留心拉蒂莎在动作前等待你说话或做手势的时刻。如果你没注意到这一时刻，在关键一刻打断她，例如她正准备沿着滑梯向下滑的那一刻，在这一刻你要说"停下"并做"停下"的手势。然后你再让她向下滑。你也可以在其他时刻玩这种中断或破坏的小把戏。

6. 让不同的人在拉蒂莎准备滑下时使用她熟悉的、表示"滑下"的口语和手语。这样她就会知道这个手势和词语是适用于所有人的。你可以在家用玩具滑梯和娃娃给她演示这个过程。

7. 然后，你可以在不同场合使用这些手势和口语，这样拉蒂莎就知道这些手势和口语不仅能在操场玩滑梯时使用，在任何地方都可以。

使用图片引发沟通

你与你的自闭症孩子交流的第二步就是使用图片来代表真实物品。这一步骤可为孩子生成基本的符号表达系统，这是进行抽象沟通的关键。

为了引发使用图片的沟通，你可以用引发手势沟通的策略来引发图片沟通。假设诺亚很喜欢用蜡笔画画。某天他正在画画时，你悄悄"偷走"蜡笔，然后向他展示几张图片，其中一张图片上画的正是蜡笔。诺亚想要继续他的画画活动。一旦诺亚选择了正确的图片并把它交给你，你就说"诺亚想要蜡笔呀"，在你说这话的同时把蜡笔还给他。

当诺亚需要继续他喜欢的活动时，他就会学会使用图片来得到他想要的东西。如果图片沟通需要多次尝试才能开始，也不要泄气。诱导自闭症孩子用图片进行沟通要比用手语沟通更具挑战性，因为这需要孩子最终能发现图片间的差异，以找到能准确表达自己所需的特定物品的图片。

建议27：为了向你的孩子说明图片能代表实物，当孩子沉溺于自己正在做的事情时，你要打断他并拿走他所需的某件东西，用一张图片来代表这件东西。

只有当孩子拿起图片来交换时，你才把东西给他。在一段时间内，你可能需要不断提示他。

另一个向你的哈利展示图片能代表实物的方法是：做几张图片，这些图片的一面都粘着某个物体的一部分，另一面则是完整的物品的照片。你可以把一个纸板果汁盒子的边角处15厘米部位垂直剪下，粘在卡片的一面，卡片的另一面粘着一张图片。图片可以从网上下载，上面是完整的纸板果汁盒子。当哈利注视你时，你把这张卡片反复地从正面翻到另一面。或者你也可以尝试在卡片的一面粘半个一次性杯子，另一面则粘完整杯子的图片。你还可以想出很多其他的例子，一个塑料勺子、药瓶的一个部分或玩具的某个部分，等等。

例子

你可以和哈利一起发展这种图片——实物关系，通过要求他交换图片来得到他丢失的东西，使他明白图片可以代表实物。

首先，选择哈利喜欢玩的游戏里使用的一些物品，如画笔、坡道上的玩具汽车、挂在橱具钩上的茶杯、挤在玩具板凳里或坡道下的小球。

你要制作画笔、玩具汽车、茶杯、玩具榔头、球的图片。这些图片最好是黑色的背景，以免分散孩子的注意力。在此阶段，图片必须是他的活动中常常使用的物品，不仅局限于玩具车，还可以是他在玩具坡道上玩的任何东西。

你想传达的信息是：图片可以用来取得实物。下面是传达信息的一种方法：

当哈利正在用画笔画画时，家长把画笔的图片放在哈利旁边，时机恰当时，就把笔"偷"过来。当哈利寻找画笔时，家长就给他指指图片。如果他把图片给你，并说"哈利想要画笔"，那你要立即接过图片并把画笔还给他。

哈利就会很快知道可以通过给你画笔的图片把画笔交换回来。

其他例子

你要多次重复，并尝试不同的物品。当哈利玩坡道汽车时，你在他身边放一张玩具汽车的照片，然后把小汽车"偷"过来。等他把小汽车的照片给你，你要说"哈利想要小汽车"。如果他没把图片递给你，就指一指图片。当他递给你图片后，立即把汽车还给他。在这种情况下，哈利就会明白，想要回自己的小汽车，就必须把小汽车的图片给你。

如果哈利很喜欢把杯子挂在橱具钩上，那么当他做这个活动时，你把一张杯子的照片放在哈利身边。然后，你"偷走"最后一个杯子，直到他把杯子的图片交给你，再让他把最后一个杯子放在钩上。此时，他要得到最后一个杯子的动机非常强烈，因为他很想完成这个活动。因此，此时就是高效的沟通时间。你要抓住这个机会，用口语和手语表达"哈利想要挂好全部杯子"。

你要准备好玩具工作台、玩具锤和彩球，好让哈利玩他常玩的活动——把球一个一个锤进洞里。你在工作台旁放一张玩具锤的图片，然后"偷走"他的玩具锤。哈利想继续这个活动，就必须把玩具锤的图片交给你换回玩具锤。对某些孩子，此时你可以趁机教他"给我"这个手势。这个手势非常形象：一只手掌掌心朝上摊平，另一只手掌轻拍这只手掌来表示"给我"。

你在玩具工作台旁放一张彩球的图片，让哈利用玩具锤把彩球锤进工作台中。然后你通过把所有的彩球"偷走"来打断游戏，等待他把相应的图片交给你。如果他没这样做，你就要指一下图片或打"给我"的手势。只有当他把图片给你后，他才能要回所有的彩球。要记得用口语描述这个过程。

建议 28：现在提供两张不同的图片教你的孩子学会区分它们。

既然哈利现在已经明白图片可以代表实物并可用来取得实物，那么你可以教他更仔细地观察两张图片并把特定的图片交给你来得到他想要的东西。

重复前文提到的活动，但这次你要在哈利身边放两张完全不同的照片。例如，当他画画时，你在他身边放着画笔的图片和杯子的图片并及时拿走他的画笔。为了拿回画笔，哈利需要把画笔的图片交给你。你要检查他是否在选择图片前把两张图都看了，并且要不断变换画笔图片和杯子图片的位置以确定哈利不是只拿固定位置上的图片。

然后，你在汽车玩具旁边放两张不同的图片，一张是小汽车的图片，另一张是其他玩具如锤头的图片，让哈利来选择。你要观察他的眼睛以确保他两张照片都看过，并不断地变换图片的位置确保哈利能够认出正确的图片，而不是只拿固定位置上的图片。

另一个例子：当哈利正向橱具钩上挂杯子时，你将两张照片放在他身边，一张是杯子的图片，另一张是球的图片。然后你把哈利的最后一个杯子"偷"出来。哈利必须选出正确的图片交给你才能拿回最后一个杯子。你要不断变化图片的位置，只有哈利真正知道图片的意义，才不会被不断变化的图片位置所困扰。

然后，当哈利做他喜欢且很熟悉的活动——把玩具球锤进工具台时，在他身边放两张图片，一张是玩具锤的图片，另一张是杯子的图片。你把玩具锤"偷走"之后，哈利应该把玩具锤的图片交给你来换回玩具锤。在此过程中，你要不断地变换两张照片的位置，并描述这一过程。

建议29a：当你给孩子提供选择时不要用手指着或盯着正确的图片，尽量不要把你想得到的答案泄露出去。

孩子也许很会通过观察你的身体语言来得到线索。

建议29b：相反，当你教孩子追随你的目光时，你必须盯着优先选项。

当哈利能仔细观察图片并能独立地选出正确的物品图片时，你可以通过给他提供三张或更多图片让他选择以增强其变通能力和看图能力。

既然你已经教了哈利图片可以代表实物，那么你还可以教他图片也可描述动作和给出指令（是的，此时我们想让他了解名词和动词）。当你用图片给出指令时，孩子会增强对符号的理解。通过从图片中提取更多意义，你证实了图片也可以代表动作和顺序。

建议30a：利用连续的图片来给出指令。

如果本斯非常喜欢恢复秩序、维修坏掉的东西、完成活动，那么你可以通过图片教他理解指令。

首先，你要做一套清晰的图片，图片上面显示的是某件本斯关心的事，如修理坏了的东西、恢复秩序或完成某个活动。要根据孩子的兴趣选择事件。可能会有以下事件：

1. 收拾翻倒的桌子。展示给本斯两张图片。第一张：本斯站在翻倒的桌子前；第二张：本斯把桌子扶好。
2. 用木块或积木搭一座塔。你仍然需要准备两张图片。第一张：本斯站在搭塔用的木块前；第二张：本斯将一个木块堆在塔的合适位置上。你可以先准备一个搭了一部分的木塔，这样第二张图的意义会更加明确。
3. 你也许会发现比较小的、轻的积木，年龄大些、更强壮的自闭症孩子更喜欢用长些的（大约46厘米长）、更便于抓握的木块来搭东西。如果你将木块表面磨平，用不褪色的记号笔或蜡笔在木块边缘画线，以此教你的孩子怎样把木块搭成正方形，他会很乐意参与的。你可以用魔术贴把搭好的正方形固定或把木块钻孔钉上板钉固定正方形，这样就形成了一个新的玩具。如果你使用的是色彩鲜明、有质感的积木如鬃毛砖，则更能吸引你那年幼的、视觉敏锐的自闭症孩子。

4. 把垃圾捡起放到垃圾筒。你又一次地要给本斯按顺序展示两张图片。按照第一张，他应该捡起垃圾筒前的一片废纸。按照第二张，本斯要把废纸扔到垃圾筐筒。

5. 在蹦床上跳。你要使用两张图片。第一张：本斯站在蹦床上，第二张：本斯非常热情地在蹦床上弹跳。

6. 玩拼图。在这个例子中，图片首先应该是本斯拿着一块拼图片，第二张图是本斯把图片放在合适的位置上。这一活动中，你可能会得到最强烈的回应，这个回应是本斯结束全部拼图后表现出的完成感，这种完成感与你把全部拼图都一一做好图片后的完成感相似。

然后，将上述场景（例如掀翻了的桌子、在桌子上的一套拼图、垃圾筒附近的几张废纸、一个未完全完成的木塔）或其他适合本斯的活动场景准备好后，从第一张图片开始，按顺序给本斯展示这些图片。一开始，你也许还要告诉他这些图片都代表着什么。

如果你向他展示的是一张他站在掀翻的桌子前面的图片，此时可能需要你把他带到这个桌子旁边，然后给他看第二张图片。如果他没把桌子扶好，则再次指向图片并帮他把桌子扶好。在本斯理解图片指示他做什么之前，他可能需要尝试几次才能明白。这就需要不断地练习、练习、再练习！

建议30b：使用图片日程表告诉托马斯每天要做什么。

你要把托马斯每日生活中的主要事情用彩色图片清晰地表示出来并把它们按顺序排列放在方便看的地方，可以放在有魔术贴的便携式卡板上、贴在门上或其他任何合适的地方。如果不能随身携带，这些照片也最好放在与孩子视平线等高的地方。你要努力找出对孩子而言最重要的事情。他也许期待着坐校车，也可能期待着经过消防站的路，因此路边的地标也有利于他知道要去哪里。

既然你想让你的托马斯像阅读文字那样读图，如果可能的话，你要按照阅读书面文字的顺序安排图片顺序。

如果托马斯想重新安排图片并借由图片与你沟通，这是一件非常棒的事情！给他一大堆图片，但无论如何，你都要按正确的顺序向他描述这一天将会发生的事情，即使此刻他正想把图片拿下来！

一些孩子不知道印着校车、餐厅、操场、公交车、地标、房子的图片与他们有关。一开始，你可能需要托马斯坐在公车里的图片、托马斯在学校餐厅吃午饭的图片以及其他他在所有相关地方的图片来帮助他理解这份图片日程表。

关于学习会话

如果你的孩子是自闭症儿童，我们不需要告诉你你的孩子是否永远都不会说话，他是否失去了语言。你和孩子需要的是一位老练的、有成功经验的言语治疗师。

你需要找到这样一位言语治疗师并不断坚持。不论你的孩子多大，总有一天，他能学会说话。

即使你自己不是言语治疗师，你也能帮助不说话的孩子重新说话。

建议 31：将所有沟通的尝试都视作有意义的。

当不说话的孩子试着说话时，你要重复他的声音并夸奖他。当你们交流时，你们可以使用这些声音。虽然你不完全理解这些声音的含义，但这样做会使孩子知道家长听到了他的声音，家长是关注他的。你要尝试使用以他发出的声音为开头的词汇。当他发音时，你要保持关注，绝对不要嘲笑他的声音，也不要使他沮丧。你要鼓励他所有的发声行为，不论他发出的声音多么响、多么杂乱、时间多么短。

建议 32：不要含混不清地提示他。

含混不清的提示并不能帮上多大的忙，就像用"干得好"夸别人所起的作用并不大一样。这使孩子在努力想怎样用喉咙和舌头发出一个音的同时，又要分出精力思考、破译你话语的意思。而且这种提示通常比较抽象，不易理解，不像"嘣！气球爆了"一样具体。你的孩子很可能接收到的意思是他快要失败了。

建议 33：除非你孩子的口语能力很强，否则你要尽量避免在和孩子交谈时问问题。

当你和自闭症孩子交谈时要记住：对他而言，用口语或手势完成一个被中断的句子要比回答问题简单得多。

像"谁"、"什么"、"哪里"、"什么时候"、"为什么"和"哪一个"之类的词，自闭症儿童很难明白它们的意思。他们可能会被这些问题困住，因为他们害怕犯错误。

如果泰瑞尔完不成你留给他的句子，那么你就自己用口语和手语来完成。如果泰瑞尔完成了你留下的句子，但仅用手语来表达，那你就要再用口语说出他的手势所表达的想法。如果他仅说出了想法，那你则要补充上手势。

如果你的孩子会说话但总是鹦鹉学舌，怎么办？
——定位口语交流

布罗迪不仅会说话，而且讲得又好又流利，但有时他好像并不懂自己所说话语的含义。他也许能够复述整个新闻广播、电视广告和流行歌曲，但这并不意味着他懂这些东西所传达的内容。

建议 34a：你可以诱发沟通，对你的布罗迪进行基本的语言训练。

此时你的目标是把布罗迪知道的词嵌进对他有意义的活动里，这样词就有了具体的含义。你可以从简单的开始。

像之前诱发手语帮助他沟通一样，当你要教布罗迪给词语添上含义时，你可以采用先让他参与到一项有趣的活动中然后再中断活动的方法。

也许布罗迪喜欢玩玩具飞机，喜欢在飞机起飞时发出嗡嗡声，当飞行结束时让飞机降落。

给他一些玩具飞机，当他完全投入到起飞、降落的游戏中时，把剩下的玩具飞机拿走，当布罗迪寻找飞机时，你要说"飞机"。如果他也说了"飞机"，你就给他一架飞机，如此不断重复。然后你尝试手拿一架飞机但不说话。

此时你不要有任何提示，布罗迪要得到飞机就必须说出"飞机"一词。当布罗迪主动说出"飞——机"时，你就知道在这个语境中"飞机"一词对他而言是有意义的。

建议 34b：当布罗迪学到了新词语时，不要忘记扩大这个词的真正含义。

此时你已经确定布罗迪知道他的玩具飞机叫"飞机"。当你们外出，头顶上有飞机飞过时，你指着飞机看布罗迪是否能认出那也是一架飞机。如果不能，你要说"飞机"，并向他指明那也是一架飞机。你要利用一切机会指出出现在电视里、书里、杂志上和真实生活中的飞机。不断努力！你可以考虑带他去机场看看真正的飞机。

相互沟通

为了使沟通真正有效果，你想要你的自闭症孩子能与你互动，但是这种互动可能很难。以下是可以产生互动的一种方法。

建议 35：通过让你的孩子能对成人的要求作出反应并能自己提出请求来引发互动。

使用一些道具可以起作用。让瑞安坐在一张长椅子上，身边还有拼图框和一盒木板钉。你坐在椅子的另一边，你的身边是瑞安需要的拼图片和木栓板。

然后你向他表示你们彼此相互需要（瑞安需要拼图片，而你需要木板钉才能玩游戏）。但首先，你要想几种方法使拼图片和木板钉间的交换有趣好玩。这样你可以向他展示与人交往是多么有意思。

米勒博士曾为此找木匠造了一座微型的木桥。你也可以做一座任意尺寸的木桥，但木桥最好带着护栏。米勒博士的木桥总体上是黄色的，但边角处使用深蓝色，色彩鲜明有利于自闭症儿童辨认。木桥的用处和高台的用处相似，它能限制拼图片和木板钉的传递途径，使每次传递都朝着正确的方向前进，并且它还很有趣。瑞安可以把木板钉沿着桥滚给你，而你可以把拼图块沿着桥扔给他。

用玩具小货车来来回回地运送拼图片、木板钉也是一个好的选择。

另一个使互动有趣的做法是找一件可以移动的玩具，让它来来回回地运送东西。这个玩具需要引人注意但工作原理简单直接，它能吸引你的孩子，而不会让他因不会玩而泄气。一辆色彩鲜艳的、能装下木板钉和拼图片的玩具皮卡车就是一个好的选择。一辆摩擦驱动的赛车或一辆敞篷玩具邮车也可以。必要的话，你可以用橡皮筋把货物绑起来，以确保货物安全。上发条的车可能太复杂了：要根据孩子应对挫折的能力来判断是否合适。这些车可以在桌子或桥上使用。

然后你和瑞安分别坐在桥的两边，此时你有瑞安需要的东西，瑞安有你需要的东西。

接下来，你用玩具皮卡车给瑞安传递一张木板钉的照片，而瑞安可以放一个木板钉在皮卡车上，然后让皮卡车沿桥返回并把木板钉带给你。

必要时，你可以寻求别人的帮助，让他帮瑞安给你传来一块拼图片的图片。然后你再传回一块真正的拼图片给瑞安并说："噢，瑞安需要一块拼图片。"

当互动的需要已经建立时，你们可以继续交换木板钉和拼图片。要在瑞安还没厌倦时就停止活动。

不要只满足于图片交流互动，尝试手语、印刷文字互动，并且如果你的孩子已经到了能够说话的程度，可尝试口语互动。

下一次，如果瑞安正在学习阅读，你就可以使用相同的交换流程，但是用带字的卡片代替图片进行互动。再下一次，你还可以使用手语互动。在打手语的同时要用口语描述。如果瑞安能说话，你当然要使用口语互动了。

互动多样化：怎样让本斯回应你的请求

当你有本斯完成拼图所需要的拼图片而他有你的拼图片时，本斯也许可以很熟练地和你交换拼图片。他知道要先给你一块拼图片，你才会给他一块拼图片。

你可以通过以下方式使上述的交换行为更具有沟通性。假设你俩面对面坐在桌子边，本斯面前有一份拼图，而你面前没有拼图却有两个广口瓶。瓶子带着盖子，盖子上都有切口。一个广口瓶的盖上有一个小小的方孔，可以让骰子通过；另一个瓶盖上有细长孔，可以通过小的金属光盘。你有一些骰子和金属光盘，并有金属光盘和骰子的图片。如果没有时间和设备来拍摄这些物品的照片或没时间扫描这些东西，你可以简单地把它们画在卡片上（骰子、金光属盘、拼图片）。

然后，把一些拼图片放在你这一侧，一些骰子和金属光盘放在本斯那边，同时本斯旁边还有拼图片的照片。

最开始本斯用他这边桌子上的拼图片拼图，他用光了他所有的拼图片，但是整套拼图仍然有部分没拼完。他进行这些的时候，你也在很高兴地把金属光盘和筛子塞进对应的瓶子里面，直到你也用光了金属光盘和骰子。

现在你可以提出请求了。本斯和你开始互换照片，在他给你一张拼图片的照片的同时，你给他一张金属光盘的照片。然后，你指向金属光盘的照片，他对这张照片回应，捡起一个金属光盘而不是一个骰子。你要把拼图片放在手中，便于他看到。当他把金属盘交给你的时候，你也给他一个拼图片。

你们要试着同时交换照片和实物，之前的单向交换就变成了通过图片进行的双向交流。每一次交换照片都指明了你们所需要的东西。你们每个人都发出了请求并且请求得到了满足。

一旦这种"请求—满足"模式建立，可通过让本斯从一系列其他照片中选择金属光盘或骰子的照片，把这个模式变得更复杂。

另一个变式是可以把你需要的东西放在离桌子几步远的地方，让本斯拿到之后交给你。

其他变式也可发生在厨房并改变材料。假设你正在打蛋做煎蛋，但没有叉子……你给本斯一张叉子的图片，要求他给你找到一把叉子，这样你好继续打蛋。

建议 36：通过引发文字沟通，帮助瑞安学习阅读。

下一步是对许多自闭症孩子意义重大的一步——引发文字沟通。这个策略与图片沟通策略一样，不同的是用文字代替了图片。

除了可以用电脑自己制作文字卡片外，还可以在7.5厘米×12.5厘米的卡片或是其他材料上手写字或是使用"象征性阅读计划（Symbol Accentuation Reading Program，简称为SARP）"项目里的文字和材料。使用米勒博士"象征性阅读计划项目"里的卡片的优点是：项目中的卡片能直接传达意思，不再需要把文字和图片结合起来使用。"象征性阅读计划"卡片上的文字与它表达的意思在外形上有相似之处。这种图示教学法将图形与文字融合建立阅读的基础，能够很容易地将文字的意思传达给孩子，然后再逐渐转到单独的、传统的印刷文字上。

"象征性阅读计划"中意义鲜明的文字如鸟、猫、拖把、老鼠、走路、汽车、棒棒糖、厕所以及淋浴等特别适合用来作为文字沟通的开始，但这也要看你孩子的真正兴趣。

然后像之前图片沟通一样，你打断孩子喜欢的活动，通过沟通再将活动继续下去。例如，当你的瑞安沉浸在挂杯子的活动中时，你把他需要的杯子"偷"过来，只有当他从一些印着文字的卡片中，把印着"杯子"的卡片交给你时，他才可以拿回杯子。与之类似，当瑞安沉浸于坡道汽车游戏时，照料者将小汽车拿走。只有瑞安从一堆写着各种文字的卡片中挑出写着"汽车"的卡片并把卡片交给照料者，才能把小汽车拿回继续自己的游戏。

如果你的孩子上学了，告诉他的老师要使用象形技术教他识字。学校职员也有可能为你推荐一款能创造图形样文字的电子软件。

建议37：改编文字，夸大其词，以增加阅读的内容和趣味。

要选择一些有趣的动词。"跳""落"都是极好的例子，然后给你的孩子艾德里安准备一些大点的图片。如果可以，最好有正面图、侧面图以及俯面图。

如果条件允许，你可以使用"象征性阅读计划"项目里的图形样文字，让艾德里安熟悉"跳起"和"落下"的文字。每次当显示器、电脑或是纸上出现这些字时，你就相应地让他跳起或落下。（这应该是"象征性阅读计划"系类闪卡中的第一张。）

然后你为艾德里安展示这些词的突出部分，这些部分还具备一些形态特征。（这应该是"象征性阅读计划"系类闪卡中的第二张。）

他是跳起还是落下？

现在向艾德里安展示他自己的三视图，让他触摸自己的照片并说出自己的名字。

你把艾德里安的照片放在写着"跳"字的卡片上面，将卡片和照片一起放在画架或其他任何合适的地方。每次你都让他指一下他自己的照片并说出自己的名字，然后让他指向"跳"字卡片并说出这个字。

现在将二者结合，说："艾德里安，跳！"

如果他不跳，你要帮着他跳。然后再试一次！这次仅简单地指指照片和文字卡片。

当艾德里安在你指向照片和文字卡片时跳起来了，此刻他正在逐渐阅读、理解文字！你可以用同样的方法，帮他建立起对"艾德里安，落下"的理解。

总之，你希望确保在所有的阅读活动中，你的希瑞尔一旦学会新字词，就能马上运用，这样他才能熟记词的意义。例如，如果你要教希瑞尔

"啜饮"这个词,可以给他拿一小杯饮料。如果你要教"撕"这个词,就把一张纸撕成两片,然后也让他这么做。

引发书写的交流

建议 38:首先,在娅斯敏写字时,你可以为他提供书写工具。这种书写工具能为他提供大量的身体知觉信息。

例子

除了使用厚厚的线装本、黑色的软铅笔或蜡笔外,你还可以在烤板上铺一层薄薄的橡皮泥,再给孩子一只手写笔或铅笔,让她在橡皮泥上写字。

娅斯敏可以沿着尺子边缘画一条直线,也可沿着小圆盘来画圈。

其他可以增加感觉反馈、使书写更加简单的方法包括:给铅笔加上一层带绒毛的外层或易抓握的表皮;在细砂纸上写字;使用一支能震动的充电笔;使用音乐平板电脑,笔碰到屏幕时,就能播放爵士音乐。也可以尝试使用玩具来书写数字、字母,这些玩具可以使书写过程更加有趣,并能增加感觉反馈。例如用磁性玩具板学习数字、印刷字体、手写字体。这套玩具还包括一支用来写字的磁性笔。当你在塑料书写面板上写字时,小滚珠就会被吸出来组成一个字。这个字可触摸,并且整个过程中都伴随着小滚珠被吸出的滴答声。孩子写完字后,可以用手指再将滚珠推下去。这一过程中她又一次感受到了这个字的形状。

如果娅斯敏是一个需要大量感觉输入的孩子,在她写字时你可以为她安排持续不断的身体感觉输入,如让她站在跑步机上写字,这样她可以边走路边写字,而不是坐着写字。骑静止的自行车也是一项选择,但要保证她的双手是空闲的、可以写字的。

建议39：如果娅斯敏准备好学习写字了，你可以教她画简单的笔画，然后立即呈现这些笔画代表的含义。

像我们在本章之前部分看到的那样，引发沟通是为了发展一系列沟通方式而产生的一项策略。这些沟通方式能帮助你的孩子把涂鸦转化为有意义的单词。米勒博士下面将介绍怎样学习单词书写的策略。

你要记住书写——写各个字母，首先应该让娅斯敏熟悉各种简单的笔画。家长的任务是在每个阶段都要使书写有趣，使她学会画各种笔画。（不同的语言可能需要不同的笔画）

直线和小棒

第一步：娅斯敏用蜡笔在无意义地涂鸦。

第二步：你帮助娅斯敏画直线和圆圈。（如果她积极性很高，能独立将三个圆圈画在一行，那么教她在第一个和最后一个圆圈的恰当位置上加线，这样她就会写单词"dog"了。如果不行则继续实施下面的步骤。）

第三步：你要鼓励娅斯敏自己画一条直线。当她开始画时，你立即在线后面放一根雪糕棒、吸管或其他直的东西。

第四步：你要再给雪糕棒找点用处。一种方法是当娅斯敏画完直线后，你让娅斯敏捡起雪糕棒并插入黏土做成的球中。你们可以不断重复这个过程，最后用这些插在黏土球中的雪糕棒做出箭猪的造型。

第五步：你交给娅斯敏一支雪糕棒，看她会不会沿着雪糕棒画直线。如果她不会，那么你就用笔沿着雪糕棒画一条直线示范给他看，或用手指沿着雪糕棒模仿画直线。如果她这么做了，你就给她一只小棒，让她插进黏土球里。

第六步：再试一次。这一次当娅斯敏看到雪糕棒的时候，她立即就能画出一条直线。太棒了，这就是象征，此时你要马上把雪糕棒给她。

圆圈和光盘

第七步：无论是主动或是被动，总之娅斯敏画了个圆圈。

第八步：娅斯敏一画完，你就立即在她的圆圈上覆上一张光盘。

第九步：之后你让娅斯敏拿起光盘，随意玩耍。你可以教娅斯敏把光盘投进玻璃瓶瓶口的窄槽里，这样光盘落下的时候就会发出令人愉快的叮当碰撞声。

第十步：娅斯敏画完圆圈后，就会自己主动地把光盘放到圆圈上，之后再投进玻璃瓶里。你们要尽量用不同颜色和尺寸的圆圈、光盘来做这些。

第十一步：最终，当你给娅斯敏一张光盘时，她会马上画出一个圆圈。是的，这就是象征。然后你再给她一张光盘，让她继续这个活动，但要记得在她还对这件事有兴趣时就停止！

如果娅斯敏积极性很高，且能在同一行画出三个圆圈，则你可以向她证实她已经能够写出"dog"这个单词了。你可以通过让她在第一个圆圈上方添一条线，在第三个圆圈下方添一条线，来完成"dog"这个单词。如果她成功地做到了这一步，你就立即给她展示一条真正的狗、一张狗的照片或是玩具狗。

更先进的书写沟通方式

许多自闭症孩子可以从打字中获益。对着电脑键盘打字的优势是：需要感觉输入的孩子可以在按压键盘时得到更多的感觉输入。

打字或使用键盘能够促进那些受过教育但觉得书写很难且不能以语言完全表达自己思想的孩子的沟通。

如果你有技术或金钱，你可以用电脑语音输入系统帮助孩子书写，这对你的埃文来说重大意义！

用沟通来减少孩子的压力

抚养一个不能说话或说话受限制的自闭症孩子，你有时会看到他的眼里满含愤怒，想要爆发，但他却不知怎样表达自己的怨气！

他也许知道怎样打"发狂"或"愤怒"的手语，但是手语本身不能减轻他们的挫折感。他也许能准确地运用图片表达自己的感觉，但仍然会感到愤怒！

如果你的孩子喜欢噪声，请允许我们忽略曾经为你推荐的那些减缓压力的方法，尝试新方法！

爆炸疗法

试着建立至少一项常规的身体活动，这项身体活动的运动方式应该是你的艾弗里熟悉且能办到的，结束这项活动时你们要发出最大、最响、最真实的爆炸声！

例如：

和你的艾弗里用手语或其他有趣的方式一起数到3以增加紧张性。

向上跳。

落下后停顿一下。

然后一起喊"崩！"

或者：

让艾费里先跺跺左脚，再跺右脚，然后用手拍拍左膝，再拍右膝，最后再鼓掌两次。

家长和他一块做，如果他能忍受，家长要用力做！

你们要大呼"耶"！

如果他能主动欢呼"耶"就更好了！

当艾弗里把这个动作练得非常熟悉时，你可以问他："你很愤怒吗？你要愤怒地来做爆炸活动吗？来，我们一起做！"

在我家，这个活动非常有用，它有时还能带来欢笑。

建议40：一些说话有困难的自闭症儿童仍然可以唱歌。

小插曲

答案是哪一项？有关沟通的一个小故事

你的本斯在大浴缸边玩水已经有一会儿了。他把衣服扯在一边，关上了身后的浴室门，很快乐地玩着。

你先是听到了周围轻微的脚步声，接着有小水花溅起的声音。突然本斯撞开浴室门狂奔而出，把水洒得到处都是，手语动作幅度大且非常认真，边跑边打：

"捡起来，捡起来，捡起来，捡起来，捡起来！！！"

下列哪项是正确的？*

（1）他找不到他最喜欢的毛巾了。

（2）他想让你把他的衣服收好。

（3）他突然想起来，自己把一只冰棒落在外面了。

（4）有一只花栗鼠在浴盆里游泳，沿着排水管游圆圈。

---

* 正确的答案是（4）。把花栗鼠安全地捞出来又不会伤到你的方法是：拿一个木桶，里面装些水，把花栗鼠用铲子铲到木桶里面，这样花栗鼠就不能跳出桶；镇定地向外走，找到有树、有石的地方把花栗鼠倒出来。你想问，如果家附近没有树怎么办？此时，猫不会再让花栗鼠出现在浴缸里的。

· 4 ·

如何扩大互动

——利用混乱状态，引入新方法

在拓展孩子能力方面，有序与混乱的作用

　　自闭症孩子在理解和整理周围的人和环境方面有困难。有时这种情况会以散乱、分离的行为表现出来，有时会表现为：孩子会排斥任何事或任何人，只投入到某个活动、某些物品或材料中。

　　如果使用恰当，有序和混乱都可以使孩子获得智能上的进步，这种进步是单靠强迫的命令达不到的。在我们的孩子取得的所有进步中，和外部的人、世界进行互动是他们最大的进步。

　　在第二章，我们提供了一些例子。这些例子是以混乱引起活动的拓展或中断，由此发展孩子们处理事情的能力。我们希望孩子们能接受活动的拓展以增加他们生活的内容并随着他们的成长不断提高认知能力。

　　例如，一个孩子像往常一样在操场的滑梯上滑上滑下，他的屁股坐在滑梯上。此时如果你增加一点小的变化把活动稍作拓展，也许他仍能接受。如让他先从滑梯上扔下一个小球，然后紧接着俯卧或仰卧着滑下来。如果他之前一直是坐着滑下来的，那你在给他变换姿势时可能还需要手把手地辅助，并且在他下滑的过程中你的手要始终保护着他。

　　对自闭症儿童而言，扩大互动是一项长期的挑战。因此在本章，我们提供了一些针对大龄自闭症儿童或高功能自闭症儿童的拓展互动活动。

　　假设你的马克斯是一个痴迷于火车的高功能自闭症少年。有关火车的问题他反应迅速并有强大的知识储备，但他只是自己自言自语，很难将他从喜欢的事情中打断出来。他又是一个聪明的且此方面专业知识丰富的男孩，因此会滔滔不绝地就火车讲数个小时。你想要马克斯转换一下话题，但他好像无法做到。

建议 41a：如果你的高功能自闭症孩子马克斯沉溺于固定的谈话主题，那么你要尝试拓展火车话题或拓展其他孩子无法摆脱、沉溺其中的话题。

拓展话题的例子

当你的孩子谈论起火车引擎的类型时，你向他提出引擎要把火车带到哪里的问题。这样谈话就可以转向铁路网络和站点的话题。要是火车到了边境线又会怎样呢？或者你也可以转向一些技术问题，如火车站点的设计、地形、海拔、信号系统、开关装置或火车站点附近的典型植被、动物群等问题。

如果你觉得自己把话题扯得太远，就可以重新把谈话引导到火车引擎的类型上，然后再重新拓展话题。

建议 41b：寻找另一个相似的可替代的话题，在两个话题间转换。

如果你的马克斯又开始谈论火车引擎，那么你可以提起另一个复杂的关于引擎的问题，如远洋航船是怎样构建的（与你的高功能自闭症孩子马克斯交谈时要提前准备）。然后当马克斯完全沉浸在轮船建造中时，你再次把话题转回火车引擎。如此这样反复几次后，他就会有两个喜欢谈论的话题。你可以不断增加内容。最终马克斯会对很多话题有了解，而不仅仅局限于火车引擎。

建议 41c：如果你的高功能自闭症孩子自说自话，你可以考虑发表异议，然后再退回至他的最初立场。

如果你对马克斯的话表达不同看法，而后他转变自己的立场同意你的说法。你可以再退回马克斯最初的立场，使他被迫继续考虑你说的话。

建议 42：你可以通过对高功能自闭症孩子的话语做出夸张的反应来引发互动性交谈。

如果马克斯像其他高功能自闭症或亚斯伯格综合征的孩子一样不考虑自己的听众，只顾自己说。那么你要插入到他的谈话中，通过做出明显的、形象的反应甚至敢于数次对他所说的表示反对，以帮助他考虑别人的想法。因为很多自闭症的孩子并不了解自己会对他人产生影响，你明显的反应会帮助他们认识到这一点。

这些反应可以是微笑、皱眉、做手势、充满激情、赞赏乃至反对地摇头、拍大腿、鼓掌、跺脚、吹口哨，等等。

通过拓展或打断来规范行为

你可以考虑通过探索拓展策略帮助规范孩子的行为。在本手册中，为了增强孩子应对变化的能力、增加学习机会，我们建议可通过引发轻微混乱来拓展任务；或是用适当的混乱或小破坏打断任务；或利用意料之外的混乱破坏常规活动。通过练习，这些技术可以帮你的孩子应对变化、增强学习能力。同时对于不恰当行为，你也可以尝试使用这些技术。

例子：使用打断技术处理车内突发的危险行为

假设玛莉卡对汽车旅行非常狂热并且喜欢坐车兜风，但是有时这种刺激过于强烈，当她完全被这种刺激压倒时，她几乎不能告诉你她的感受并开始扔玩具或是拽你的头发。此时你正在开车，什么都不能做，没办法使她安静下来。

你要理解，对她而言，开车兜风是一种常规活动，这项活动有起点和终点。如果你打断了这个活动，她想要持续这个活动的愿望可能会足够强烈并驱使她处理上述行为（过强的刺激使她发狂）。你可以说，"玛莉卡，妈妈要停车了。"然后在安全的情况下把车开到路边熄火。随后你下车，绕车走一圈或是走一小段路后再返回车附近。

然后你打开车门等待玛利卡与你交流，等待她发出"妈妈上车"、"开车"或其他类似的信号。如果她不主动，那么你可以询问她："玛利卡想现在发动汽车吗？"之后你要等待她点头、做手势、发出声音或说话来做出反应。如果没能立即得到反馈，你可以提示她。当你得到反馈后就上车并驶向目的地。

如果玛利卡说"不"，那你可以回答："好，我可以等一会儿再走。"

利用混乱：关于问题解决的一些观点

自闭症孩子生活中面临的感觉挑战得到解决之后，我们希望他们能成为有效的问题解决者。你可以通过一些实际锻炼来增强他们解决问题的能力。

例如：你可以用一些大积木或切成合适形状的木板在桌子或高台上搭一条长的通道，不要给通道加顶并使它足够宽阔，玩具校车、吊车或其他类型的小车可以在上面平直、顺利地行驶。

让你的小奥斯卡站在通道的一端，而你站在另一端。然后你们把通道视作玩具卡车行驶的道路，将玩具卡车在通道上来来回回传递数次。最好是在他那边放些大理石玩具，然后用玩具卡车从你这边装几块大理石经由通道运给他。

奥斯卡对这项活动开始有兴趣之后，你再在奥斯卡的一端放一些拼图片，而拼图架在你这边。当你用卡车给奥斯卡运送大理石时，边运边发出"嗡嗡"声。卡车回来时，你要让他给你运回一些拼图片。

正当奥斯卡准备把带拼图片的卡车运回时，你要迅速地把组成通道的一块积木或木板推离通道，从而破坏卡车要走的道路并说，"噢，不！路中间的一块积木……啊！我们该怎么办？"

如果奥斯卡只是想把卡车当做开垦道路的耕犁一样，硬挤过去，你就要立即向他展示怎样把积木恢复到原来的位置。如果可以，你要手把手地教他然后立即让卡车通过通道。

你要灵活地进行这一活动：花太长的时间移回积木会阻碍奥斯卡建立撤回积木与恢复道路间的联系。

为年龄稍大的儿童提供另一个更复杂的例子：为得到喜欢的小熊糖而搭支架

在尝试这个解决问题的过程之前，你要确保已经教你的孩子怎样在两个等高的积木或两堆等高的书之间放置厚木板建成台阶或支架。然后你向她展示可以把这些摞起来建成几级台阶。房间里的小梯凳或活梯要放在她很容易看到的位置。

当你准备教她解决问题，但雅艾尔却不看时，取出她喜欢的零食——色彩鲜艳的小熊糖，把它们放进干净的塑料袋里用线系上，把线从高处悬下，但其高度正好是雅艾尔够不到的位置，她还需抬高一两步才能够到。

在房间里放一些大木块或其他支架，这些木块或支架只有少数离她较近。把剩下的木板或支架分散在整个房间里，有一些显而易见的，而另一些则可以放进橱柜里或家具后面。

如果你并没有这么一套既大且能承重的支架，可以使用废弃不用的书或是收集一些旧的电话本，把它们三三两两地捆在一起攒上6～8捆。这个方法既好用又省钱。

你向孩子描述现在的状况并问她："小熊糖就在上面，雅艾尔怎么办？"

如果你有用木块或支架做成的梯子的照片，就给她看这张图片。如果这并没有使她想起建一个梯子，那么你就提示她建一个梯子。

给雅艾文安排这样一种情况：她用尽所有能看到的木块或支架，发现仍然不够高，还差一点才能拿到零食。让她站在梯子上抬手，结果发现还差一点。

然后告诉她橱柜里、沙发后还有一些木块和支架。如果你有在橱柜里的木块和支架的照片，就将照片拿给她看。必要的话，你可以给她指一下这个橱柜。要是她还是没发现，你就把橱柜门打开，让雅艾尔来发现。

在雅艾尔给她的梯子又搭了一级台阶时，你要用语言及手势描述这个过程。如果她需要帮忙，那么你要辅助她，但要确保这种辅助是在她尝试后仍不行时才给予的。让她慢慢来。如果她成功了，这固然好；如果她还是需要再搭一级，就帮她寻找其他支架。你可以给她图片或走到支架旁边的位置引导她。

当她够到东西时，你要祝贺她的成功，如果她需要剪刀，就给她一把，你可以帮她把塑料袋从绳子上剪下来。

下一次，如果雅艾尔直接寻找梯子而不是自己搭梯子来够棒棒糖，那你更要为她庆祝。因为她成为了一个高效的问题解决者。

小插曲

拓展技术出现错误，你把胶带扯下涂上急救膏

例子：大猩猩牌胶带的坚定支持者

你的孩子正平静地在电脑前学习，此时他着装整齐，穿着牛仔裤和衬衫，十分舒适。他正在进行一项程序，需要45分钟才能做完。你趁机离开。你教过他怎么使用胶带，但你不知道的是，他正准备拓展这方面的知识。

你在盥洗室待了大约90秒后出现，经过厨房时又停顿了一下。此时，你的孩子踮着脚尖站着，浑身赤裸，只有睾丸上缠着大猩猩胶带。他的睾丸上缠了1/3卷的大猩猩胶带。这些胶带牢固地粘在他的睾丸上，厚厚的一圈把阴茎顶了起来像是犀牛的角。他递给你一把剪刀，满脸期待地看着你。

你四处张望，寻找手头可用的东西，但发现了什么呢？花生酱？橄榄油？

在去急诊室的路上，你没有急着找药膏涂上他之前粘胶带的地方，反而特别希望警察把你关进监狱……

·5·

如何减少自闭症儿童的焦虑因素

导致焦虑的原因

父母、照料者、家庭成员注意到他们的自闭症孩子的焦虑是由多种因素造成的。焦虑产生于强烈地需要对事物有把握。疼痛、挫折、对失败的恐惧以及不安全感都能导致焦虑,对声音、光线、气味、材质、味道的异常敏感也可能导致焦虑,对感觉刺激的渴求也可能导致焦虑。

如果感觉输入不够,你的自闭症孩子可能会比普通孩子有意识地加工更多的信息。一个普通孩子只需要对全部信息和感觉输入的20%进行加工,而自闭症孩子通常会加工80%的信息,不论自闭症孩子还是普通孩子,这种加工都是主动自觉进行的(具体程度咨询你的职业治疗师)。自闭症孩子并没能发展出和普通孩子一样的、用于简化和破译环境的控制和筛选能力。

这意味着肖恩加工感觉和信息的速度可能会比较缓慢。你需要耐心等待他的回应。如果他迟迟没有回应,你要说些"什么时候可以准备好呢"或其他类似的话。如果你不知道肖恩加工速度缓慢且表现得不耐烦,就会使他焦虑并产生挫折感。*

对事情可以预知的需要

受自闭症的影响,你的卢卡斯可能在其他方面也面临着发展挑战。他要很努力才能了解时间的概念,而当卢卡斯真正懂得时间的概念时,他就可以遵照程序表了,而程序表代表了对未来事情的提前预知。而不理解时间的孩子,永远活在"此刻",他们很难理解等待,他们的愿望必须立刻满足,很难延时满足。

---

* 每个人的加工时间都大不相同,对于儿童更是如此,他们有时会超过3~5分钟。在你帮助孩子克服加工迟缓时要尽量耐心。一位家长就曾经报告他的儿子在给行车指挥方向时,通过练习和集中注意力,进行信息加工和交流时花费的时间大幅减少。

建议43：如果你的卢卡斯在排序上有困难，无法将事情按时间顺序规划好。你可以对他进行训练，要求他按顺序排列照片。

要牢记，年龄大的孩子可能会拒绝简单的排序。例如第一张图片上是左脚穿袜子，第二张图片上显示右脚穿袜子，第三张图片显示穿一只鞋。这种排序会让他不感兴趣，而与年龄相适应的、引人注意的排序可能更吸引大龄儿童。如果他玩棒球，那么有关棒球的排序会很适合他。要确保活动有趣！

这套青年玩棒球（或足球）的图片序列，由三或四张有趣的图片构成，图片没有复杂的背景。每张图片显示的内容如下：

1. 投手把球扔出
2. 球飞向击球手
3. 击球手击球
4. 球打破了窗户

之后卢卡斯的任务就是（在帮助下）把照片按顺序排好。这一过程中也许还可伴随着详细的语言描述和声音效果。你还可以想出其他例子。

当你的丹尼尔能很好地理解顺序时，他也许会很依赖这种清楚明白、确定的序列。因为这使得他能预测自己的生活，而已确定的事项中发生任何改变都会让他焦躁。通过帮助丹尼尔预测以后的情况帮助他摆脱这种困境。

建议44a：用图画及时解释常规日程中的变化。

只要你在一天开始的时候能给他解释好这种变化，也许你的高功能自闭症孩子丹尼尔就能接受原本内容固定的学校和家庭生活发生变化。你可以用图画的方式向他解释，在白板上作画或使用图画课程表；也可以用故事来讲述；甚至在他的iPad上播放视频来解释这一变化。为了使解释更清楚,要先给他展示原来的安排表,然后再告知其变化。

当你这么做时,留意丹尼尔在听到变化时的表现,看他是否能应对这个变化。例如,你可以把日程表上的"公园散步"一项擦掉,换成"去动物园"这个突发事件。你要用图画和语言向他解释这一变化。日程表上剩下的部分保持不变。

建议44b:如果这只是一个暂时的变化,当原来的事项恢复时,也要用图示方法向他解释。

例如,你可以在白板上画出图表并解释:"今天不去动物园了,今天我们去公园散步。"

产生焦虑的原因之一——"感觉饥饿"

感觉需要未被满足是自闭症儿童产生焦虑的自身原因。当你发现孩子有感觉需要时,要为孩子提供尽可能多的感觉输入。为了获得强烈的感觉,你可以让孩子抓住位置较高的东西,如秋千、安全的树屋、操场上的攀爬设备等。你要鼓励孩子在蹦床上弹跳、滑轮滑(如果他会的话)、玩踏板车或骑自行车。

在理想情况下,你可以咨询职业治疗师或此方面的其他专家,他们能评估你的阿德尔的感觉处理能力并建议他应有什么样的"感觉食谱"。像食物和水一般,这种"食谱"是由专家推荐的、由阿德尔每天都要有的感觉体验构成。一些自闭症孩子"感觉饥饿"非常严重,以至他们要有非常频繁的感觉输入。当他们在做其他任务的同时,可能每15分钟就需有一次感觉输入。如果被剥夺了这些感觉刺激,他们就会感到非常痛苦。

产生攻击的原因和未被解决的难题

自闭症儿童的攻击行为可能是沟通失败的产物。攻击不能被完全抑制,对自闭症孩子这种行为进行禁止的效果不如在普通孩子身上产生的效果好。你的本杰明可能还没有彻底发展出移情，不能站在别人的角度来看待问题，这就使他无法理解自己的行为对他人产生的影响。

也许你的本杰明还不能用手势、语言、图画完全表达自己的情感，而数次都没有机会完全地表达自己的观点会使他感到挫败。当他无法表达出自己的需要时，他就会变得越来越焦虑不安，并可能会导致过多的傻笑、逃离或攻击行为。

此后，受自闭症的生物学特征的影响，本杰明的肾上腺素可能会在相当长的一段时间里忽上忽下、剧烈起伏。因此受生物化学因素的影响，本杰明的情绪不稳定，很容易就会失去自我控制。

正如我们前文提到的那样，自闭症儿童非常需要能够预知事情，而当事物不可预测时就可能会产生攻击。你的亨利可能是以他熟悉的、一系列有序事件来理解和体验这个世界的。如果亨利的事件链里有一项丢失了而他又不知道该怎么重新恢复，他就有可能控制不了脾气而产生攻击行为。

因此，如果有人改变亨利的常规日程，既不向他解释，也不教他怎样恢复原来的日程，就会引起亨利的强烈反抗。

建议45a：尽量把"攻击"看做想与人接触的一次尝试。

你要试着把攻击转变成一次有意义的身体接触。

例如，你可以试着把要打你的手拦住，并改成一个击掌的手势；如果对方是小孩子，你就改成一个拍手游戏。

建议奏效的原因

如果攻击是为了寻求身体接触，你这样做既提供了身体接触，同时又把这种沟通行为转换成了一种社会可接受的方式。如果孩子下次再想要身体接触，他就会采取这种行为。

建议 45b：可能的话，把攻击转换成交流的机会。

你可以装作困惑的样子，边说边打手语："怎么了，你想休息吗？""你需要帮助吗？"

建议 46：要知道你的自闭症孩子比其他普通孩子更容易不合时宜地大笑或傻笑，而且这种笑并不是要表达幽默，而是为了减缓压力。

为什么你需要解释清楚这件事

根据孩子的状况，你可能需要立即提供他们跑或跳的机会来调整肾上腺素。同时，孩子旁边的其他孩子甚至成人可能无法容忍在他们看来是讥讽性的这种笑容；可能还会有人要挥拳揍你的本尼。因此你需要说："本尼，虽然你笑是因为你紧张了，但有时你的行为会伤害到别人，快说'对不起'。"

建议 47a：如果你认为你的孩子产生攻击是因为他想引起注意或获得情感支持，那么你可以在将自己的注意力移向别处时，仍与他保持身体接触。这样可以先发制人，防止他产生攻击行为。

虽然在公共场合可选择的身体接触少，但你仍然可以揉弄他的头发、轻拍他的肩、挠他痒痒或拍拍他的头。

如果你正在打电话，你可以把手放在他身上或尝试在与他人通话的同时，用手语和他交流。据一些家长报告，一开始他们发现孩子能理解手势的明显证据就是在这种情境中：他们打着电话并对孩子做着手势，而孩子会对与通话内容完全无关的手势做出反应。

建议47b：如果你的利奥很乐意拍或撞击人，那么你可以每天选择特定的时间，在这一时间内，让他进行一些拍手或比较剧烈的身体接触的游戏。

如果你已经开始这种游戏，而他依然会拍人或撞人，那么就更多地进行这种感觉游戏。

你可以对拍手的动作进行规定，并在拍手的同时伴随着唱童谣或讲故事。童谣如"烘焙蛋糕，烘焙蛋糕，烘焙师……"或"可爱的小蜘蛛……"这样可能会对小孩子产生一些益处。你可以尝试让年纪较大的、身体强壮的孩子参与到体育游戏中。参与这类体育游戏时，孩子的手会与球产生频繁的接触或与队友有大量的身体接触，诸如拍肩膀、庆祝胜利等活动都会产生身体接触。体育运动会有良好的效果。

建议48：可以的话，忽略一些小的攻击，继续进行下一个环节。

建议奏效的原因

因为小程度的攻击如轻轻地拧，其主要功能是沟通。忽略它传达的信息——这一行为并没有意义，你应该用其他的沟通方式代替。但忽略这种行为绝对不意味着忽略你的孩子。你要迅速转向下一个活动并让他参与进去。你可以递给他一支画笔让他画画，给他一个沙包让他扔或给他苹果片让他吃。你需要改变他的沟通方式而不是给他留下这么一个印象：更加用力地掐人是一个更好的沟通方式。

当你不知道焦虑产生的原因时

你要做记录。

如果你的塔里克有时能够忍受理发、看牙医、坐车时急刹车，但他不能解释为什么能这样，那么你需要记录成功事例的方方面面以及失败案例的一切细节。当你发现了一些能与成功或失败的经验有关系的因素时，你就有所收获了。

例如，塔里克的爸爸带他去理发店理发。他穿着一件宽松的球衣，不愿意用理发围布围在脖子周围。塔里克能静静地坐在椅子上，但只能保持一小会儿，过不了多久他就开始乱动。理发师只能匆忙地给他理了个发型。发型的两边还不大对称。回家路上，塔里克显得十分烦躁，不能平静下来。这种状况直到他洗完澡后才完全消失。

下一个月，在同一个理发店，这次塔里克穿着一件贴身的高领毛衣。他依然拒绝用理发围布，但是在整个理发过程中却能安静地坐在那里。回家路上，他的状况良好。

显著差异：塔里克的 T 恤。他在洗澡后能够安静下来说明这是一个有关知觉的问题。有可能是洗澡后某些特殊的声音或气味消失了，也有可能是洗澡时某些特殊的感觉导致这一状况的身体因素消失了。

可能的结论：塔里克穿 T 恤时剪下的碎发落到身上使他发痒。塔里克以后再理发时可以穿一件领子合适的 T 恤或在普通 T 恤上沿脖子围上布，防止碎发落在身上。

小插曲

一件真实的事件：家长也会焦虑

你的孩子为校车的到来做着准备。他干净整洁，牙齿闪亮，头发光滑，穿着一件色彩鲜艳的新球衣，还搭配了裤子，鞋子也擦得光亮。

他发出迷人的微笑，而你——浑身都不自信，在校车快来的关键时候躲进了厕所里。

当你再出现时，校车已经来了，但你儿子不见了。他在后院，全身赤裸，身上有狗屎，在洒水器边跳跃。

· 6 ·

如何使孩子停止发脾气,恢复平静

——发脾气利用法

发脾气、严重的精神崩溃及失控发生的原因多种多样，有时候很明显是莫名其妙地就发生了。你要试着保持冷静、放松心情，不要被吓到。你激昂的情绪状态会影响到你的孩子，使他得到暗示，认为你的情绪波动与他有关。

试图去了解发脾气或失控背后的意思，因为对于不同的孩子、不同的事件，发脾气或失控的意思也有所不同。这可能需要创造性的解决方案。一个孩子可能由于无法应付一种情况向另一种情况的转变而发脾气，在这方面他需要帮助。另一个孩子因长时间久坐造成"感觉饥饿"，或因刺耳的声响、不停闪烁的光或刺鼻的气味造成感觉超载，这些都可能使其情绪失控。还有一个孩子，由于其父母或照料者将他们的注意力转移到另一个孩子，而感觉自己被抛弃了或由于失去了心爱的东西而发脾气或陷入消极情绪中。

过渡（包括应对意料之外的变化）、"感觉饥饿"、"感觉超载"及遗失东西，都会引起自闭症儿童发脾气或逃避。疼痛、受挫及沟通障碍也可能造成同样的结果。

孩子在大怒时尖叫、扑腾、挥臂、踢腿，可能还会摔东西。此时他们可能中断了与其身体或试图帮助他们的人之间的联系。其他时候，他们还可能会陷入极度的消极情绪中，正如 Miller 博士生动描绘的那样，他们患上了"搁浅鲸鱼综合征"（Miller with Chrétien，2007）。

我们将这种灾难性的发脾气和深度的逃避视为孩子在应对人、事或环境的感觉影响方面的一种能力欠缺。我们可以用两种方式应对这些状况，一种是下意识的反应；一种是社交性和沟通性的反应，其中包含能够控制并安抚孩子的很多策略。

在遵照米勒博士"利用自闭症谱系障碍（ASD）的强迫力量"策略的同时，我们还试图利用发脾气的特征来塑造并控制自闭症儿童的发脾气行为。

·6·
如何使孩子停止发脾气，恢复平静

建议 49a：首先，你应尽量站在孩子的角度了解其发脾气的原因，尽快排除其痛苦和伤害。

案例

据一名家长陈述，她的小儿子尖叫咆哮着、挥动着手脚从后院冲进来，他指不出哪里受伤了。经过对外表的简单查看后，家长发现他除了和往常一样灰头土脸外，没有任何问题。随后很快，他越来越失控地旋转并拒绝食品、糖果、口香糖和饮料这些他平常喜欢的东西。由于这个孩子通常在洗澡的时候会安静下来，于是妈妈把他放进浴缸里并做更细致的检查。当他的头发被水打湿后，妈妈在他头顶发现了三根闪闪发光的黄蜂蜇刺。

建议 49b：了解复杂的原因。

案例

另一名家长描述，她的孩子在一家百货商场发脾气，很明显是因为失去了他的气球。这个 7 岁的自闭症儿童松开了手中的两只氢气球，气球很快飞向了 6 米高的天花板。这名家长迅速换了另外两只同样颜色的氢气球给他，但两只气球替代品并不起作用。孩子不停地叫嚷着他最喜欢的常用语："帮我拿，帮我拿！"当家长试图将他拉出商场时，他失控了，叫喊着。这名家长说："我已经用尽了我能想到的所有办法。我伸开胳膊告诉他'太高了，我够不着'，而且我又给他买了另外两只，怎么这些方法对他就不起作用呢？"

米勒博士的观点

买另外两只同样颜色的气球给你儿子是绝对没错的！但对你儿子来说，问题并不在于他失去了两只气球本身，而在于他没能重新抓到气球。

这一次，除了在气球上栓两根更长的绳以外，你还要再一次让气球飞走，这样你儿子就可以拉着绳子将气球重新取回，这也许能使事情产生不一样的结果。手牵着两只新气球时，你儿子可以摆脱前两只气球丢失的体验。因为后两只带长绳子的气球能给他正确的新体验。这两只气球使他对自己的期望得以圆满，强调了在这个世界上他的行为的力量。

孩子也有可能是因为他请求后得到的帮助并不是他希望的那种，于是对此感到失望但自己又没法纠正才会发脾气。

发脾气利用法

多年来，米勒夫妇及其他工作人员制定了许多帮助儿童重整自我、解决爱发脾气问题的策略。这些策略被称为"发脾气利用法"，通过利用发脾气的不同环节为孩子提供帮助。以下便是发脾气利用法的要素。

建议 50：叙述孩子发脾气的过程。

对于能理解大量口语的孩子来说，一种有效的策略就是叙述孩子的发脾气过程。在这里，家长或看护人可以这样说："丹尼尔很生气。他现在在踢脚，大哭，尖叫，在地上捶着拳头……现在又在踢脚，现在，尖叫……他会不会现在捶拳头然后尖叫呢？不，他是先踢脚然后尖叫，接下来他会做什么呢？噢，没错，他在捶拳头。"

通常通过这种叙述，孩子会停止发脾气，去听父母在说什么。同样，孩子也会意识到自己的行为，开始好奇自己在做什么，然后更能够对自己施加控制。

这样之后，孩子发脾气的强度会逐渐减弱，很快父母就可以说："丹尼尔现在感觉好多了。来，拥抱一下，去玩吧。"

建议奏效的原因

由于这一策略对发脾气的每个环节进行了具体命名并将整个过程分解,为孩子提供了具体的词汇来理解发脾气这件事情,因而有助于孩子对自己进行完全的自主控制。这样在既没有认可也没有批评的情况下对他进行关注,增强了孩子对接受性语言和词语含义的理解,加强了二者之间的关系。

建议 51a：分解并克服。

这个策略分为两个部分。采取这个策略时,你要试着阻止发脾气的一个环节,同时要求其继续另一个环节,比如说"别叫了！""踢,使劲踢！"

你还可以提出一系列让其进行快速、大动作的要求,例如"坐下！"或"站起来！"当孩子能听从你的这些要求时,将其发脾气的行为分解成几个部分,一次只要求其进行一个部分,比如"尽管踢,再踢！"

通过这种发脾气利用法,照料者、家长或其他家庭成员在引导其发脾气过程中能发挥积极的作用。

案例

妈妈要求内森去做事,他开始又跳又踢,还大叫。在他发脾气的过程中,妈妈指着地板坚定地说;"坐下！"内森坐下后,她又命令他"起来！"就这样,她重复了几次。

这时候,许多孩子都会重新开始自我控制。

如果内森坐下后仍然尖叫、乱踢,妈妈会试着将其发脾气的过程再次进行分解,说:"别叫了……尽管踢吧！"下一步,妈妈用手部动作或手势模仿踢的动作,同时说着:"踢,踢,踢！"当内森回应妈妈的要求时,他踢的性质开始发生变化。以前内森可能并未完全意识到的踢腿动作,现在开始受到父母语言的约束。这时候,妈妈可以指挥内森站起来,绕着一块指定的空间或突起的空间走动,或者尝试做一些其他的使他平静的动作。

现在内森已经平静多了，也更愿意接受指导了。

建议51b：其他变式：分解、克服、数数

"许多事情往往在数到3时发生"，对于一些懂得这一规律的孩子，你可以在她发脾气时，通过数到3就发布新命令来帮助她重新受到意识控制。

案例

"苏菲，叫！再大声点叫！1，2，3，好，现在踢腿。"

建议奏效的原因

在听数数时，苏菲已经平静一点了；她努力让自己能够等待和倾听，然后根据命令踢腿。当她思考（数到3）应该发生的事情时，她已经恢复了自我控制能力。

建议51c：分解、克服、沟通

你可以利用发脾气中的尖叫元素来终止孩子发脾气，同时帮助不会说话的孩子学会控制自己的声音。

当哈里发脾气时，他的爸爸会说"坐下！""起来！"在哈里开始尖叫时，爸爸告诉哈里"叫吧"，同时摸着哈里的嘴巴，告诉他这个尖叫声是怎么发出来的。通常孩子会发出微小的声音，或者发出醇厚的叫喊声，你可以鼓励他叫喊*。此外，通过要求哈里按照爸爸的要求再次发出尖叫声，以前哈里在非完全控制状态及无意识下发出的尖叫，现在已经成为对爸爸的指示的一种回应，开始变得可受控制。同时对声带的控制有助于不会说话的孩子有意识地发出声音。

一些患有自闭症的孩子可能会迅速地实现对声带的控制，并在被要求尖叫时故意变得很安静。这也许是一种向父母说"不"的方式，但不管

---

* 如果你的孩子还不会说话，那么你应该鼓励他发出的所有声音，不论这个声音多么不当或扰人。

怎样，这种方式有助于阻止其发脾气。请注意，我们欢迎并鼓励这种沉默的"不"中所暗含的沟通。如果此时孩子注意力没有转移，父母可以问："哈里在说'不'吗？"

在这些情况下，发脾气通常能很快被消除。

建议 52：在孩子发小脾气时，你可以尝试相互尖叫

相互尖叫虽然看上去很疯狂，但事实上这样做有助于使孩子停止发小脾气。假设安德鲁发现妈妈增加了一种新的、令人讨厌的活动，便大喊大叫表示抗议，但另一方面，他又并不是太失控。此时安德鲁的妈妈就可以说："安德鲁，你先叫，然后妈妈再叫。"随后，她便重复孩子的尖叫声。许多孩子在这个时候都会捧腹大笑，小脾气自然也就烟消云散了。

经过一两次的相互尖叫后，如果你还需要继续，那你可以在你们相互尖叫时，用手指着正在叫的那个人，以此来强调轮流尖叫。

相互尖叫可能会重复多次，直到你抓住机会改变这项活动。"安德鲁，你先尖叫，然后把这辆小车从坡道上推下来"，或者"安德鲁，你先尖叫，然后把这只球扔掉"，或者你可以采用其他适当的拓展活动。通常情况下，经过几轮的相互尖叫，孩子会认真地遵从你的要求，并且会觉得没有必要去尖叫了。

这种特定的发脾气利用法在孩子发小脾气时最有用。米勒博士推测，这种方法之所以有用是因为家长或其他成人重复孩子的尖叫时，孩子会感到自己是被倾听的、被理解的、被认真对待的。但家长需要注意，安德鲁可能会对你的语调和用意十分敏感，不要让自己无意间听起来带有讽刺意味。这种互动也许还能成为一种受孩子欢迎的过渡方式，尖叫之后，他们觉得自己已经准备好进行下一项活动了。

建议 53：尝试揪住孩子的衣服轻轻拉他，让他失去平衡

这种方法对于较幼小的孩子是最有效的。

当你的孩子很小并且你认为孩子的主要问题是感觉缺失时，这一策略可能会特别有效。推拉他的目的不是想让他摔倒，而是要改变他的重心，这样他就必须唤醒自己的身体知觉来重新恢复平衡。

建议奏效的原因

有时发脾气是由于不知道将要发生什么事情或从感觉的过山车上跌落而导致的。这种发脾气是真的失控了，不是为了沟通而故意为之的策略。此时孩子迫切希望能够恢复自我控制，却无能无力。拉住孩子的衣服给孩子的皮肤表面一些感觉信息，并在孩子进行身体调整避免摔倒时帮他重新恢复对身体的意志控制。你只是为孩子重新获得对身体的控制提供一点小小的帮助，仅仅是调整了一下他的重心，他便能应对更大的感觉问题并不再发脾气。

对于较小的孩子，你还可以采用其他方式，如把他放在你的膝盖上，让他向下掉然后及时抓住她。对于较大的孩子，你可以让他狠狠地倒向一边。

建议54：四处侦查：做一些侦查工作，寻找到发脾气的根源

失去联系、失去珍贵的东西都是顽症发作的常见原因。有一个自闭症孩子在几个月的时间里都令人欣喜地持续进步着，却突然开始发脾气。一旦校园活动或家中的常规活动发生变化，他就会发脾气。他觉得受够了！为什么会这样呢？当孩子的行为突然发生改变时，你可以尝试之前提到的几条实用建议，然后去探寻可能发生在家里或学校的任何变化，这些变化也许不会给成年人留下深刻的印象。

奥利弗就是这样一个突然失去了处理变化的能力的孩子。出于关心，米勒博士与他妈妈进行了面谈。米勒博士注意到奥利弗在校期间异常烦躁，学校活动的每个变化似乎都能让他发脾气。米勒博士想知道奥利弗的家中近期是否发生过什么变化？是否有亲戚来访？是否有新的孩子来

到他家？是否有新生儿或新生狗狗？或者是否有老邻居搬家了？奥利弗的妈妈很肯定地对米勒博士说，在这些方面没有发生任何变化。米勒博士又问，是不是爸爸或妈妈的时间安排发生了变化。结果证明，这个发现可以揭示奥利弗的问题所在。

奥利弗的妈妈承认，事实上她的家庭发生了明显的时间安排上的变化，她的丈夫开始值夜班。以前上白班时，她丈夫常常与儿子奥利弗玩耍打闹，可现在，他晚上上班，白天必须休息。这样他就不能在往常的时间和儿子嬉戏打闹了，而这些嬉笑打闹对儿子来说特别重要。

米勒博士建议奥利弗的父母尽量想出一种解决办法，使奥利弗能在一天的其他时段里享受与爸爸之间嬉戏打闹的互动。恢复与爸爸的嬉笑打闹事关重大，它也许会决定奥利弗在学校是否能保持镇静。

最终，奥利弗的爸爸重新开始了和儿子打闹互动，奥利弗在学校发脾气的情况大大减少了。

为什么孩子与父母、朋友及亲属间的常规的嬉戏打闹会这么有效？因为它强调了情感联系。在这个案例中，它强调了父与子之间的情感联系；它满足了孩子对深度压力的感觉需求；同时还恢复了孩子的世界里的秩序和日常活动，因此他会感到舒适。

你要尽量避免不必要的发脾气。一些自闭症孩子会很珍视某些特定的东西。当这些宝贵的东西由于某些原因被拿走，如被拿去清洗，可想而知，孩子会对此大发雷霆。如果孩子那宝贵的小羊羔玩具的臭味已经超出了你的忍受范围，你必须要把它拿去清洗，此时你可以迅速拿其他她宝贵的东西交换。如果其他东西没这么宝贵，那么就在你的宝贝睡着的时候拿走她的小羊羔。

面对"搁浅的鲸鱼"要怎么处理

有一类特定的自闭症的孩子,他们通常年龄都比较大、体重也比较重,倒在地板上不愿意动,消极地抵抗想要他们动一动、与人沟通或行动的所有努力。这些孩子就像是搁浅在海滩的鲸鱼,失去了活动的能力。他们陷入了困境之中。虽然没有发脾气,但这种"搁浅鲸鱼综合征"同样给父母及照料者带来了困难。因为这也会妨碍孩子日常的生活和工作,公共场合下还会有危险。

当抚养的孩子对其命令视而不见时,成年人会很受挫、恼怒。但孩子的年龄大了,你已经不能采取强迫的方式了,你不能简单地把他抓过来打一顿。

通过处理几个这样陷入困境的孩子的例子,米勒博士发现,他们选择"搁浅"的部分动机是希望得到更多的关心和关注。因此,米勒博士建议,对于这样的"搁浅的鲸鱼",成人不应试图把他拉起来,相反,应该保持冷静,继续手头上的工作。

建议 55a:对于这种"搁浅的鲸鱼"般的孩子,你可以蹲在他们身旁轻轻和他们交谈,同时轻轻抚摸或拍打他的背部大约 5 分钟。你还可以简单而直接地和他交流一些彼此都感兴趣的话题。

然后你什么也不要说,慢慢地站起来,伸出一只手。

几乎每一个例子中,被这样对待的"搁浅的鲸鱼"都会接受你伸出的手,并允许自己被你带回家中。

建议 55b：对于这种"搁浅的鲸鱼"般的孩子，你可以尝试运用幽默和身体爱抚。

一些家长反映说，慈爱加上幽默可能也是很有效的方式。在一个案例中，年长的父母观察到自己的儿子躺在地上像是进入了冬眠，便蹲在他身旁，轻轻地戳他、挠他，同时大声说："怎么着？消极抵抗吗？儿子，我们可是1968年出生的一代啊！事实上，是我们发明了消极抵抗，哈哈！瞧，就是这样！"这种关心和善意的戏谑最终换来孩子咯咯的笑声，他站起来，跑出去玩了。

建议 56：如果孩子还比较年幼，两个肌肉发达的成年人可以采用荡秋千的方式对付这只"搁浅的鲸鱼"。

一个成年人抓住孩子的双手，另一个人抓住孩子的双脚。然后两人把孩子抬离地面几厘米，前前后后荡来荡去，在这一过程中还可以和孩子平静地交谈，还可以伴随着摇摆的节奏唱一些简单的歌曲。

其他变式：使这只"搁浅的鲸鱼"漂浮起来

米勒博士担心如果孩子太小，把孩子抬起来的方式会不太适用。因此，你可以抬起这只等待解救的搁浅海滩的"海洋哺乳动物"的一侧，放一条毯子在他身体下边，然后用毯子抬起他，使他"漂浮"起来，并轻轻摇摆几分钟，或到你体力不支时停止。

策略奏效的原因

这些策略满足了孩子对爱与情感、身体支持的需求。

有时候，对于这些被搁浅的孩子及他们对关爱的需求，一些家长及其他压力颇大的照料者倾向于不予理睬，只是说"噢，他只是想获得一些关注罢了"。

他当然是想获得关注！他们需要我们的关注就像我们需要氧气一样。

如果我们的孩子从一个无法表达对你有好感的分离状态向前迈进一大步，变成一个可以表达他有多需要你的孩子，想想你该有多成功呀。快给他一个吻吧！

如何恢复平静，防止将来出现的问题

有时候，当你看到你的自闭症孩子开始变得急躁、失去镇静时，你可对他进行干预，帮助他逐渐恢复平静，防止其大发脾气。在其他时候，当你的孩子发过脾气后，他可能无法完全放松并恢复自控。针对以上两种情况，你通常可以通过增加沟通交流、增加或调整他们的感觉输入、将他们对意料之外的和令人不安的事件的反应加以程序化来引导孩子完全恢复平静。你可以尝试以下这些建议。

建议 57：你可以试着模仿孩子发出的声音，然后停止……

如果你的孩子开始失去平静并尖叫，你可以试着以一种同情的方式模仿她的声音。几秒或稍长时间之后，你的声音可以逐渐微弱，然后做个手势给她一个强硬的指令，如"停！""够了！"或者"好了！"

建议奏效的原因

这种方法传达给戴利娅的信息是：你听到、领会并理解她的问题，你很同情她，但她应适可而止。

建议 58：如果本斯开始失去控制，通过命令他在听到要求后迅速地躺下或坐下然后再站起来，帮助他恢复自我控制。

根据发脾气利用法，你可能需要重复几次才会有效，但即使是第一次尝试或许也能帮助你的孩子放松。

建议 59：当孩子失控时，你可以尝试改变其周边的环境，比如改变你的声音。

你可以变换你的音质、语调和音量，大吼或低语。视情况而定，能与你平时的声音形成最大的反差为宜。

有时你给孩子一份饮料就足够了。最好这份饮料还能分散他的注意力，如杯子怪异、带吸管或有气泡。喝饮料特别能使人安定下来。固态咀嚼型糖果对于具有强烈感官需求的孩子很有帮助，因为它可以给孩子的下颌关节带来很大的压力。

通过几种感觉输入的方法使孩子恢复镇静

建议 60a：通过增加感觉输入恢复孩子脆弱的平静状态，如紧紧地拥抱，或者握住他的双手轻轻拍打另一侧手臂。

其他能使孩子平静及重新振作的技巧的例子

对于年幼的孩子，你可以把他紧紧地抱在怀里，轻轻地和他说话，这样可能会比较有效。你还可以与孩子相互触摸脸颊、抚弄头发。你可以让你的艾丽西娅先触摸自己的脸，然后再触摸你的脸，这样来区分自己和你。当你这么做时，你要说出她的名字和你的名字。

如果你拿起伊莎贝拉的双手拍打她的双臂几次，她会获得许多感觉输入。

当你握住她的手时，伊莎贝拉会获得很多感觉输入。你可以握住她的双手轻轻拍打另一侧的手臂并重复几次。

其他变式

如果你的孩子洗澡时很平静但洗完后开始失控，那么在她洗完澡后，你可以尝试为她穿上毛巾浴袍并紧紧地系上腰带。

一些孩子会要求穿好几件上衣，然后紧紧地系上好几根腰带。这类孩子是渴求压力的。厚重的衣服、可以轻松取下或常常更换的手腕及脚踝沙袋对于渴望压力的孩子可能会有帮助。弹性压力服如自行车骑行用的短裤或可提供少量压力的衣物也许会有帮助。可以爬行通过的狭小空间、小的睡袋以及挤压器都可能起到一定作用。

对于需要感受压力的非常年幼的儿童，你可以考虑用襁褓包裹他或给他使用摇篮。如果他还太小，不适合用这些，那么你可以考虑使用斜跨胸前的悬带或婴儿背带背着他。

另外对于年幼的孩子，你可以像消除发脾气行为那样，拽他们的衣服使其晃动，这样他们就必须重新恢复平衡。这么做也有利于他们重新恢复自控。

建议60b：你可以尝试对孩子的全身进行深压。

对于渴求感觉输入的孩子，你可以邀请一名职业的治疗师教你如何对孩子进行深度的关节按压。首先，让孩子坐在你的膝盖上或坐在你两膝之间的地上。职业治疗师会教你如何从孩子的头颈部开始向下按压其整个身体的所有主要关节，甚至包括活动手指和脚趾。

建议60c：你可以要求渴求感觉输入的孩子携带重物、挪动家具或背上装满书本的背包。

建议60d：不要忘记与孩子嬉戏打闹所起到的作用。

建议60e：对于感觉敏感的自闭症孩子，你可以尝试轻微地为他按摩，或使用乳液、皮肤刷。

由于一些孩子感觉敏感，因此大量的感觉输入和深度按压并不能使他们受用。如果你的奥布里皮肤比较敏感，她可能会比较喜欢轻微地按摩，喜欢使用乳液或粉末，使用带有柔软刚毛的刷子刷皮肤，甚至会喜欢使用精致的化妆刷安抚皮肤。

建议 60f：你可以和孩子相互触摸脸颊并重复几次。这样做有助于恢复孩子的自控。

做法

你要拿起迈克尔的双手，交替着轻抚他的脸和你的脸。如果你能在不烦扰迈克尔的情况下发出一些声音则更好。当你拿着他的手轻抚他的脸时，你要说出他的名字。然后，你抓起他的手，鼓励他轻抚你的脸，去识别你。同时，视具体情况，让他叫出"爸爸"、"妈妈"、"娜娜"或"艾玛"等。刚开始时，你们可以慢慢进行，然后再加速。你还可以突然向迈克尔的手上吹气，如果你愿意，你还可以假装去咬他的手指。

为什么增加或调整感觉输入有效

诸如拥抱等策略可以满足孩子对感觉的渴望并促进其释放神经传导类物质。这些策略还可以告诉孩子并没有发生什么灾难，使孩子安心；同时能增强你们之间的情感联系，从而消除不安全感。

采用各项策略恢复平静，以恢复秩序，表达渴望完成的愿望。

你通常能通过将突发事件并入自闭症孩子应对变化的例行活动列表中，使突发事件变得可以接受。随着时间的推移和实践练习，这些活动能够不断积累并使孩子变得更加灵活。

建议61a：你可以让你的克洛伊进行简单、重复的活动来使其恢复镇静。

克洛伊可以借助简单、重复的活动恢复镇静，比如将餐具整理到托盘中，或者将袜子整理到抽屉中。

你希望有一个明确的开始和结束，这样孩子会有完成感。

做法

举个例子，你用手牵着克洛伊来到餐具抽屉前，并把需要分类的、装着干净餐具的篮子拿给她看。如果她没有开始动手整理，那么你递给她一把勺子或叉子，并给她指示正确的摆放位置。她专注于做这件事，而你则继续递给她勺子和叉子。她能整理多快，你就以多快的速度递给她。之后，她可能会希望自己独立做这件事。你要以孩子的需要来调整自己的步调。

重复的活动奏效的原因

重复的活动满足克洛伊对秩序、可预见性和完成感的强烈渴望。此外，这些活动强化了她的自我意识并强化了她对自己有能力给世界带来变化的认识。

一个更复杂点的例子

自闭症孩子可能对几乎不能控制或根本无法控制的事情，如天气变化、暴风雨、短暂的停水断电等感到很恐惧。如果你的艾登在停电时虽然能保持镇定、集中注意，但依然会感到不安，那你可以尝试以下建议。

建议61b：你要叙述目前的状况并提供一些能恢复秩序的活动，让他选择。

为了帮助孩子应对你也无法控制的意料之外的事件，你可以提供几个他喜欢的恢复秩序的活动供他选择。如果你的孩子会说话，那么使用简单直接的语言即可。如果你的孩子还不会说话，可以的话，你要在叙述的时候同时也打手语。

目前艾登面临的一整套"危机状况"：

1. 有时会停电。灯全部熄灭，电视也关了。
2. 爸爸妈妈说"噢，不！"艾登被吓到了。
3. 爸爸妈妈理解他的不安，他们给电力公司打电话。维修车待会儿就会过来。

当艾登等待时，他可以借助几个发泄方式以及一些活动使自己恢复平静。

I. 利用身体消除焦虑的方法

- 跺脚数次。在你为艾登计数的时候，让他人在旁边唱首艾登熟悉的歌或朗诵一首艾登知道的童谣（这样做为艾登增加了可预见性）。
- 去关门
- 把椅子放到桌子下边或把家具排列整齐
- 把垃圾拎出去
- 玩弹塑料片游戏或青蛙跳游戏

II. 转换话题，避开停电这件事，恢复失去的知觉、增加参与，增强应对变化的能力的方法

- 听不用电池供电的广播或CD
- 打开手电筒
- 用（充满电的）手提电脑看一部电影或听听音乐
- 玩视频游戏
- 吹口琴

III. 艾登恢复平静后可以做的一些事情

- 小睡一会儿
- 吃点零食
- 洗个澡

建议 62a：尝试利用孩子对打乱秩序的事件的反应加强交流。

举个例子，当家长沮丧地说"打雷了吗？灯都熄灭了！"后，你可以提示你那口语受限的孩子和他们一起说："噢，不！"

建议 62b：为实现长期稳定，将艾登眼中的危机事件从最严重到最轻微进行等级排序。你可以在排序结果的基础上进行交流。

你要利用相当长的一段时间，试着将孩子认为是危机的事件进行等级排序，这样他就能利用这种等级来比对将要发生的事件并与你交流事件的严重性。如果时间允许，你可以制作一个带照片、绘图、文字和数字的卡板。卡板展示了这些事件对孩子的影响的严重程度。

拿艾登的例子来说，玩具车掉下一个轮子，是一个需要及时补救的危机事件。但这一事件并不是很严重，它可以成为艾登危机等级中的第一级，用绿灯表示。一架玩具直升机的电池没电了，因此飞机螺旋桨不转了，灯也不闪了。在艾登看来，这是更为严重的事件，需要马上维修，危机等级可能为第三级，用黄灯表示。按照艾登的危机等级，最可怕的事件是停电。他认为这是需要即刻修好的，等级或许可以定为第五级，并用红灯表示。

在以后的日子里，当艾登感到心烦时，爸爸妈妈可以指着危机表问他："这件事情有多糟糕？和直升机电池没电一样严重吗？"一些孩子可能会对此做出面部反应，以表达此事在危机表上的等级。

这种形象化的排序有利于艾登进行更全面的沟通，以及更抽象地表达自己的想法。

小　结

本章中，我们并未提及有时被一些正常孩子用作讨价还价工具的故意发脾气。虽然有时自闭症孩子的发脾气明显是想与你进行某些交流，但本章中我们谈论的是自闭症孩子由于自闭症的特性失去自我控制能力而发脾气。

在所有的案例中，我们都想要抓住发脾气行为，对其加以引导并使其程式化，通过对它进行重塑来教孩子自我控制。通过这种做法消耗掉发脾气的能量并指导剩余能量以其他方式发泄。

我们并不是简单地禁止发脾气和禁止搁浅自己，因为禁止是根本不起作用的。

小插曲

对圆形白瓷器（尿壶）的泛化：甩干滚筒

你的孩子在外边玩，因此你趁机开始快速地准备晚餐。当你将饭菜端上饭桌后，你注意到楼上异常地安静。孩子已经轻手轻脚地溜进屋里又出去了。

洗衣机被重新设置了（设置为"加强清洗，确定"）。"甩干"滚筒的盖子开着，灯光柔和地照在滚筒底部黄色的一滩水上。

你的孩子在甩干滚筒里撒了一泡尿。

· 7 ·

如何培养友谊

你那深受自闭症影响的孩子可能不能像其他正常发展的兄弟姐妹或同学一样交朋友。当他与其他自闭症孩子交朋友时，如果遇到的问题与普通人交朋友碰到的问题一样多时，你也不要太惊讶。如果自闭症孩子的感觉需要与普通人相反，那么他们与普通人交朋友会更加困难。如果每次你那渴求感觉输入的孩子凯愉快地敲着铙和钹时，他的同学卡拉都捂着耳朵哭着跑出去，那他们天生就不易成为朋友。

你可能会发现，相较其他自闭症儿童，你的埃坦和特定的人群，如唐氏综合征儿童会更容易相处。他还可能更容易和特定性别的人相处，或更易和与自己的种族不同的人相处。

埃坦需要学习一些游戏技能，并学习怎样与他人相处。你可以教他排队等待、与人互动、加入或离开一个团队、参与竞赛等。

你可以帮助他与不同类的人交朋友。如果你的孩子是那种需要被教导怎样与人相处的孩子，那么你可以试试以下建议。

建议63：你要给孩子示范见面和打招呼时用的手势。

你要教雅各布与人击掌、表示"你好"和"再见"的手势，或其他任何在你们所处的社会是通用且恰当的手势。

建议64：当你的不会说话的孩子要交朋友时，你要教他一些用于沟通的常用手势，例如：竖大拇指、"OK"手势、表示胜利的"V"手势、鼓掌以及飞吻手势。

你应该主要教给他年轻人常用的手势。如果你没有年轻的侄子或侄女，不知道年轻人常用哪些手势，那你可能需要一位顾问。

建议65：如果自闭症孩子寻求深度按压，那么他们可以通过深压与人接触，建立与他人的联系。

一般情况下，如果你的鲁克是一个感觉亢奋而不是感觉不敏感的孩子，且不喜欢拥抱，那么这条建议可能不会起作用。但是如果你的本斯喜欢每天早晨都和罗伯特来一个大大的紧紧的拥抱，喜欢罗伯特紧抱他，那么这两个男孩很可能会有一段美好的友谊。

建议 66：如果你的雷米还不会依次轮流玩耍，通过让她和另一个孩子依次玩她喜欢的东西，教她学会轮流玩耍。

如果雷米喜欢堆积木，那就让她和同学或邻家小孩一起堆积木，轮流玩耍——雷米先放一块积木，然后爱丽丝再堆一块积木。如果你家有秋千，一次只让一个孩子荡秋千。雷米和德鲁可以轮流荡秋千和推秋千，家长可在旁边说："该雷米了"，"现在该德鲁了"。同时这也是一个孩子学习说话、提高语言能力的极好机会。

一些秋千是可以两个孩子面对面坐着荡的。一个孩子踩面前的脚踏板，就会向前荡，另一个孩子踩面前的脚踏板就会向后荡。因此这是一个极好的学习与人互动的机会。家长要教孩子注意对方的动作，教他参与轮流踩踏板，这样秋千就荡起来了。

操场上其他需要两人一起玩的设备，如跷跷板，也能用来帮助孩子发展友谊和信任。

一些家长报告，他们使用一种叫做"手拉球"（Zoom Ball）的玩具成功地教会孩子们轮流玩耍和互动。手拉球由一个形似美式足球的中空塑料球构成，球的两端各有一对尼龙拉手。一个孩子站在一边，左右手各拿一个拉手；另一个孩子站在另一边，左右手同样也各拿一个拉手。当本斯展开手臂拉开拉手时，球就会受摩擦力的作用向鲍比的方向滑去。当球快到鲍比这边时，鲍比便双手向两边伸展，把球重新推到另一边。球上还可绑一个带水的气球，当球突然停止时，气球内的水碰撞球壁就会发出声音。手拉球运动时，水晃动的声音可能会对孩子产生吸引力。

你可以通过制造一些结构化的互动活动，使孩子与他人建立关系。你可以尝试下列方法。

建议67a：你可以通过让你的孩子依次给其他小朋友分发托盘里的零食或饮料，教他与人互动。

你可以从教他给2~3个小孩每人分发一块椒盐饼干开始，逐渐扩展到更多的孩子和其他零食，如冰激凌、柠檬水等。

建议67b：你可以通过建议并教孩子们朝彼此脸上贴美纹胶带或彩色贴纸，来帮卡特建立与玩伴的友谊。

例子

"现在要贴在鼻子上！卡特，你要试试在脸上贴彩纸吗？""鲁比，把胶带贴在本斯的耳朵上！"朝身上贴美纹胶带很容易引发大笑，当机会来临时，你就可以教孩子表示"哈哈大笑"的手势。最后让他们每个人轮流将别人身上的胶带拿下。

如果是在炎热的室外，孩子们可以用喷水玩具或冰块来代替贴纸游戏。

建议67c：你可以以悬挂球为开端，引入其他球类游戏。

因为绳球或从天花板悬挂而下的小球有固定的、可预测的运动弧线，因此你的亚历克斯可能更容易与同伴玩这种球类游戏。

建议68：用有结的软绳进行拔河比赛。

喜欢深压的自闭症孩子可能会主动地玩拔河游戏并从中得到乐趣。而且拔河比赛只要绳子够长，就可以吸引任意数量的孩子参与。在孩子们进行拔河比赛时，要在地上画一条色彩醒目的线，防止其他孩子穿越绳子。

建议69：玩"我要抓到你"的游戏，为"追拍游戏"做铺垫。

在你尝试教孩子追拍游戏的规则时，如果他太小并很喜欢挠痒痒，你可以先不必着急教他这个游戏，先玩简单的"我要抓到你"游戏。你可以威胁他，如果抓住他了，就会挠他痒痒。如果孩子被抓住没跑掉，你就可以居高临下地做鬼脸宣布"我抓住你了"，然后给他挠痒痒。

奥利弗边跑边笑还回过头看你离他多远，这种情况说明你们的游戏进展得很好。当你快追上他时，你要突然向相反方向跑去，如果奥利弗开始抓你，则你们的游戏就可以开始向"追拍游戏"转变了。你们可以邀请更多人参加。现在猜猜谁是"靶子"吧！

建议70：教你的孩子玩捉迷藏游戏。

当你的乔奎尔和奶奶正一起玩游戏玩得高兴时，你要趁乔奎尔不注意悄悄溜走并藏起来。你藏好之后，事先知情的奶奶就问乔奎尔："爸爸去哪儿了？快把爸爸找出来。"然后奶奶就开始假装寻找爸爸，找的都是爸爸不在的地方。爸爸在衣橱里吗？没有！爸爸在碗柜里吗？当然也没有！你想要乔奎尔也一起和奶奶来寻找你，想要她来积极地搜索。当爸爸被找到后，妈妈藏起来，婶婶藏起来，或其他任何知情的人就会藏起来，让乔奎尔寻找。每次乔奎尔找到人的时候，你们都要大声地称赞她，给她鼓掌。最后再让妈妈和乔奎尔一起藏起来，然后爸爸开始寻找他们。

最终，乔奎尔能自己独立地藏起来，但达到这一步需要多加练习。一开始，她需要和别人一块藏起来，以学习怎样隐藏。

建议71：教陶菲克留意并评论伙伴的外表或技能。

例子

"看见利昂的蓝衬衫了吗？""漂亮！"或"看！灌篮高手艾萨克！""哇哦！他跑的速度真快！"

建议 72：在学校时，你可以要求教师安排埃坦和某个孩子组成一个固定小组。

学校里的小组活动，即使小到搬东西、拿书、倒垃圾，如果你的埃坦每次都能和同一个人一起做，这将有利于他们建立友谊。

小插曲

反作用定律

你的孩子开始把自己的鞋子扔在房子外的树林里。

晚秋的一个下午，阳光穿过树枝，投射下最后一丝光影，孩子把他的最后一双鞋子扔在了篱笆外面。

你很快找到了一只鞋，但另一只不知落到了哪里。

另一只鞋子到底在哪儿？30米外有一片落叶林，会在那里吗？你带着手电筒出去寻找，这时太阳已经快要下山了。蝙蝠出动了，月亮升起来了，你却依然没有找到鞋子。找不到鞋子，明天孩子怎么去学校啊？

又气又恼的你回到家里，突然，你想起了反作用定律，反作用定律帮助了你，拯救了你！

反作用定律认为，事件的发生可能性与它的影响成反比，你恐惧的事发生的可能性大，你渴望的事发生的可能性反而小！

因此，鞋子在哪里？它最有可能在最不方便的地方！你家没有井，但有一棵被砍得还剩1.8米高的空心树！因此，鞋子肯定在树洞里！

第二天一早，你就来到了后院空心树的位置。你对猜测无比确定，完全不去寻找其他地方和灌木丛。你爬到剩下的树桩上，向空心树的树洞里望去。

果然，鞋子就在里面。

·8·

如何增进家庭联系：
你在家时可以做些什么

关于自闭症孩子的生理和心理的本体知觉

通过使用米勒法提到的策略，你可以为自闭症孩子建立明确的本体知觉，继而考虑怎样建立深远、温暖的家庭纽带。

存在的问题

很多情况下，自闭症孩子失去了一些从身体到大脑的感觉冲动传导体，且从大脑发出的指令在向身体传达的通道上也出现了一些问题，因此自闭症孩子并不能像普通孩子那样感受自己的身体。

并且这还不是全部。许多自闭症孩子不能在一次感觉体验中统合视觉、听觉、嗅觉、触觉、味觉和其他感官经验，使其成为一个整体。由于自闭症孩子面临着各种各样的感觉障碍，因此他们不能同时注意多种感觉。当多种感觉涌入时，他们可能会仅聚焦于一种感觉。就像下文会提到的 Tito Mukhopadhyay 一样，他喜欢视觉，专注于视觉，因此会对视觉很警觉，他会自然地注意到周围的细小事物。例如，操场上的设备有螺栓松动或治疗师手上一个微小的几乎看不到的疤痕都会引起他的注意。感觉统合有问题或对某种感觉高度警觉的儿童，都很容易发脾气。他们在处理交叉的感觉信息时，可能会做一些常人通常不会做的，如他们可能会闻颜色、尝声音等。*

如果你的尼夫斯好像也存在以下问题，那么她需要感觉统合治疗。

自闭症孩子可能会因为不能说话、无法上下楼或其他各种限制而不能充分利用自己的身体。他们可能需要很努力才能收集身体各部分的感觉信息并作出相应的反应，并且在将获得的感觉信息分类、理解和使用

---

* 这种情况出现的原因有生物学的因素，但也并不完全确定。现在所知的是，自闭症儿童眼睛内杆细胞功能的失常会导致很多视力问题，但是这种情况可以通过服用鱼肝油汲取维生素 A 而有所减轻。

8

如何增进家庭联系：你在家时可以做些什么

时也要费很大力气。

除了恐惧和挫折外，这种情况带来的后果还包括他们可能不知道自己身体的哪个部分有疼痛。在极端情况下，他们甚至会失去全部的本体知觉。铁托一位重度自闭症患者，分享了自己年幼时想要增强本体知觉的经历。

那时我四五岁，除了饥饿和站着淋浴时全身湿透外，我很难感觉到自己身体的存在。我需要不断地运动，这样身体才会有感觉。这样的运动可以是身体转动，也可以是拍打双手。每一个动作都是我存在的证据。

为了使自闭症孩子建立强烈的自我概念，我们必须首先帮助孩子感知自己的身体。正如米勒博士在一个项目中提到的一样，自我意识是建立在本体知觉的基础上的。

此外，我们应该尽全力帮助我们的孩子即使只依赖一种感觉也可以生存下去，并且帮助他们发展出自己是与他人产生联系的"社会人"这一概念。治疗师的评估应该是严格准确的，特别是能判断出孩子是属于感觉超敏感型还是感觉低敏感型。

建议73a：如果你有一个感觉低敏型的自闭症孩子，那你可以通过提供大量感觉信息来增强他的身体知觉。

有许多策略可以帮助像铁托一样的孩子建立恰当的身体知觉，如"争夺"游戏、抓痒痒、碰面活动等，经常使用的还有"打趣"游戏（"我要割你的鼻子"或是3人参与、两人争抢一人的拔河比赛，"我抓住了他的手"），追赶游戏和其他有身体接触的游戏。并且这些游戏常常在意料之外就被中断了。这样中途停止游戏可以使孩子考虑身体下一步该做什么。

如果你的孩子是个感觉低敏型的自闭症孩子，那么你可以通过鼓励他推、拉、举、搬一个重物从一处到另一处，来增强他的身体知觉。基于他的身高和力量，他还能帮忙重新布置家具、整理书、搬动物饲料、播种、倒垃圾、背杂货等。这样做不仅可以让他帮你做家务，也能增强他们自己的身体知觉。

每次托马斯将自己的身体作用于物体时（拿、搬、拖、拉、拽东西等），他便体会到自己的身体是一个有用的工具，自己是有用的。这样，托马斯便向自己展示了自己的身体做事情的能力（身体效能），并开始了解自己身体的本质。

如果你的德克需要更多感觉，你可以通过改变衣服、寝具、毛巾获得的反馈，来为他增强感觉。你可以鼓励他睡在羊皮制品上；你可以给他提供法兰绒床单和有突起的毛巾；你可以偶尔给他穿严重变形的衣服、绑上腕部或脚踝负重袋（负重袋应该每半小时移除一次，否则身体就会适应它，负重袋就会失去效果。绝对禁止用负重类物品控制或惩罚孩子）。

要记住，虽然你的戴维主要表现为感觉低敏，需要大量的感觉输入，但在某些方面，他仍然可能会表现出感觉超敏。他穿衣时也许需要剪掉标签；他可能无法忍受某类清洗用品；他可能受不了刺绣或触感奇怪的衣服，尤其是内里触感特殊的衣服；他可能会拒绝创可贴；你可能很难找到他愿意穿的内裤类型。

他可能会喜欢一块边角镶缎的毯子，也可能会喜欢抚摸你的丝质衬衣，还可能喜欢全身围着皮质衣料。你要尽量多地、恰当地满足这些感觉需要。如果你的阿尔弗是一个感觉不敏的自闭症孩子，且不能向你说明疼痛的来源，造成这一现象的原因可能是他的身体知觉不足，且不清楚"哪里痛"是什么意思，那么你可以帮他建立一种更易指明自己的方法。

如果一个孩子很难指出或说出身上哪里痛或不舒服，那么成人可以用热毛巾或冰块碰触他不易看到的如后脖颈类的部位，然后让他指出得到新感觉的部位，以此帮他具体确定身体有感觉的部位。多多进行这种练习能帮助阿尔弗更加精确地报告问题，因为这样做增加了他的感觉信

8

如何增进家庭联系：你在家时可以做些什么

息，使他更易定位感觉来源，所有这些都使他能最终建立关于自己身体的神经地图。

另一个增强孩子自身的身体知觉、了解身体各部位的方法是为孩子做一个真人大小的纸板模型。你需要使用适当、耐用的纸质，模型应与你的鲁比体型大小相同。你可以在鲁比躺着时，量一下她的各个身体围度。制作中，只要鲁比愿意，你可以让她来帮忙。

你可以在这个模型上标注身体的各个部位，如果需要的话还可以雕刻出更逼真的轮廓。如果你有鲁比的数码照片，可以把它洗出来。照片应尽可能与真人尺寸一样大，并把它贴在模型表面。

把胳膊从模型整体中分离出来，再用黄铜纽扣或胶带将胳膊与身体连接起来，且胳膊能动。如果你想的话，还可以在手肘处做一个节点，使手臂更加灵活运动。你可以考虑怎样使臀和膝盖部位的腿能够恰当地活动、折叠，或者直接拆下膝盖部位，然后用布带重新接上，使腿能够屈伸。

现在你就有一个"鲁比"纸娃娃了，给她穿上鲁比的外套。这样，模型就会与真人惊人地相似了。（当鲁比疼痛时可以指出模型的身体部位来告知你她哪里疼痛了）。

建议73b：你可以让艾登使用视觉增加身体经验。

你可以让孩子尝试"我看见你"的游戏。如果你的艾登能讲话，那么你可以让他和别的小朋友面对面，两人轮流说看到了对方的什么。这么做可以增加他的身体经验，并帮助他了解别人。如果他使用手语，则让他用手语描述。雷诺会说："我看到艾登的灰色头发了。"而艾登有可能会说："我看到雷诺绿色的眼睛了。"你还可以让孩子和所有的邻家小朋友或所有的亲戚朋友玩这个游戏。一些自闭症孩子可能不能同时使用名词和形容词，尤其当形容词代表的是抽象意义，如颜色类形容词时可能会更难。此时，如果必要的话，你可以帮助他说出简单些的回答。

努力建立自我概念

你已经帮助阿娃建立了她对自己身体的知觉,但阿娃可能仍没有体会到自己是一个有能力的人。她甚至会在一些情况下觉得自己是无能的。因此,你想让阿娃加强这样一种自我认知:我是一个有能力的人,能够取得成功,能够完成事情,即使很小但也能做事情。你可以使用以下方法帮助她建立强大的自我成就感。

建议74:描述阿娃正在做的事情。如果你的双手自由,可在口语描述的同时用手语叙述。

这对建立自我概念奏效的原因

当阿娃正在做某事时,如果家庭成员或照料者能告诉她她此时所做的事情,则阿娃不仅有机会理解更多的口头语言,而且开始能意识到自己此时的行为,知道自己是在抚摸猫咪还是在玩球,在骑滑板车、爬山、吃苹果、关门、看书还是在朝你的汽车排气管里塞土豆。

当你说出,"奥利弗正在搭积木"或"杰西米正在蹦蹦跳跳"时,你增加了孩子所能理解的口头语言的数量,并且这么做增强了孩子的自信和自我肯定。

建议75:为阿娃提供种类繁多的玩具、器具、材料以供其玩耍。

例如:她可以在一个盆子里钓带磁性的拼图片。你可以把金属图钉按在普通的拼图片上使拼图片有磁性,用线绑上一块小磁铁制成鱼竿,然后让她钓拼图片。她还可以用鞋带穿珠子;用漏斗把小瓶子里的干大米倒进大容器里;她还可以吹泡泡。你可以用纸巾或铝箔包东西来教阿娃怎样使用这些材料；你可以把拼图片密封在信封里，然后教阿娃怎样用剪刀打开信封；如果你大胆的话，你还可把小玩具放进气球里，然后教阿娃给气球吹气，把气球吹爆然后取出玩具。你的玩具和材料不一定要很贵。

你还可以尝试寻找一些能进行象征性游戏的玩具，如林肯积木和其他建筑玩具。阿娃可以用林肯积木搭一座小房子，然后让自己的娃娃住进去。你可以在小房子旁边放一只玩具狗，然后自己模仿狗的吠叫声。你还可以和她一起为玩具牛和玩具马造一个畜舍。

更换玩具。当孩子对某些玩具没有兴趣时，你可以暂时先把它们存放起来，换上其他不同的玩具。

建议76a：*你可以制作一个"做到板"展示孩子的技能*。

你可以收集你的孩子阿娃溜冰、骑马、做披萨时的照片来提醒她她所拥有的技能与成就。当你为孩子照这些照片时，如果旁边有人用语言给孩子描述她正在做的事情会更好。然后把这些照片贴在阿娃的"做到板"上，并把"做到板"放在她容易看到同时也是别人容易看到的地方，这样会增强她对自己的积极印象。你还可以给这些照片贴上标签，这样能增加阿娃的词汇阅读量。

如果你家有电脑和网络，你还可以制作一个家庭网站，这样可以向更多观众展现阿娃的能力。

如果阿娃有兄弟姐妹，你可以为每个孩子都建立一个"做到板"，展示他们的成就。

你要常常把阿娃带到"做到板"边，给她指出你最喜欢的几幅照片，提醒她当时她正在做什么，并称赞她。

如果"做到板"足够大，你可以考虑按顺序展示图片，如分别展示下列图片：阿娃帮忙给马清洗，阿娃帮忙安装马鞍，阿娃骑马，阿娃帮忙卸下马鞍并灌满水槽，阿娃给马喂胡萝卜。

建议76b：如果你发现诺亚自发地改变了他的常规活动，并且自己学会了一些新技能，那么你要帮助他拓展这些活动和技能。你可以用语言和照片叙述这些变化，并将其添加到"做到板"上。

如果诺亚很喜欢室外滑梯，有一天他突然躺着或趴着从滑梯上滑下，或者坐在他从厨房偷拿出的一块蜡纸上从滑梯上滑下。对于这些变化你要加以称赞，并在安全范围内尝试更多变化。因为这些变化证明了诺亚对自己的身体有了更多的感知，更会使用自己的身体了。

如果天热的话，你可以在滑梯上装一个出水的水管，这样诺亚就可以从水中滑下了！如果滑梯下连着一个游泳池，诺亚可能会兴奋不已，更别说池子里还有一个很安全的滑艇了……

有一天你的本杰明特别想走着上滑梯梯道，并要从滑梯台阶爬下。这时你会怎么办？只要你可以保护他不摔下来，就让他去做，这个小恶作剧也会用到一些技能。

建议77：鼓励你的自闭症孩子做选择，并为他的选择骄傲。

当你鼓励孩子做选择时，你发展了他的执行功能和做决策的能力。一种提高执行功能的方法是在一项活动中多次改变你的想法，改变你和孩子走路的方向，改变放在桌子上水果的种类，几次改变之后，问你的孩子，"好，现在你想怎么做呢？"并接受她的选择。

自由地进行选择也能增强孩子的自我意识。你可以为你的自闭症孩子提供很多简单的选择，如选择要穿的鞋子和衣服，选择零食或最喜爱的食物，选择喜欢的游戏、书、宠物和玩具。大点的孩子可以选择去哪里度过下午时光。如果你对所有的选项都不满意，就不要提供选择。

因此，让你的威廉选择今天去学校是穿黄衬衫还是蓝衬衫，让你的本斯选择是穿蓝鞋子还是红鞋子。他们对于自己能做出选择会显得非常高兴，即使他们还不能说话，但从他们散发光彩的脸上也能看出其自我意识的提升！

每当你的孩子做出一个真正的选择时，他都增强了自信，这份自信源于他不仅做出了选择并且可以执行选择。

注意

如果你的维拉总是选择所提到的第一个或是最后一个选项，那么这并不是真正地进行选择。如果你的马修总是选择离他的惯用手最近的事物，这似乎也不是真正地进行选择。这只是把最方便的拿过来，而不是真正选择自己想要的东西。这时可改变玩具、蜡笔、衣服或食物的位置。

一些孩子可能会非常害怕犯错误、害怕改正以致他们会恐惧做任何选择。因此你要尽量赞成和称赞他们所作出的选择。如果你必须要给害怕犯错的雷吉更正一些错误时，要使用友好的、中性的评论："试试这个选项。"

不该做什么：对自我发展不利的事

建议78：永远不使用暂停。

在所有阻碍孩子身体发展、自我意识、与他人互动能力的事项中，没什么比用暂停控制消极行为更有害的了，即使是使用"暂停"的微妙形式。如你的姑妈说："如果你不想玩这个游戏，那你就自己到一边坐着去吧！"此时她表现出的是一种控制心态，而不是专注于发展孩子的自我意识。

建议 79：自闭症的孩子普遍对"看着我"、"和我说话"、"用你自己的语言"感到困惑。

相信我们，他们不理解这些短语。

建议 80：当心无意教学。

"暂停"是有害的，因为它可能会无意中教会你的孩子使用攻击、自伤或其他不被接受的行为来沟通。

房间或教室里音乐太吵、许多激烈的对话同时起起伏伏使孩子受到过度刺激，绝望之下，他可能会击打自己承受了过高分贝声音的耳朵和备用的听觉加工器官。他尝试过但依然跟不上谈话，依然不能处理那些声音。

这时就是给他耳机、耳塞或其他护耳设备的好机会。如果他喜欢耳机里传来的音乐，就把耳机给他。如果这些都失败了，那就捂上他的耳朵。

如果他打人或疯狂地咬自己的手指，你可以把他从嘈杂的环境中转移到安静的环境中"暂停"一会儿，那么他就学会了通过攻击别人或伤害自己能减轻痛苦的感觉超载问题。因为福德在生活中非常容易感觉超载，感觉超载容易成为常事，而当我们使用"暂停"时，就无意中教会了福德用攻击他人和自我伤害来解决感觉问题。

家长提供的例子

在本地的一所学校，我看到了一个 5 岁大的自闭症小男孩把自己的头撞向一扇沉重的木门。他之所以这么做是因为想逃避伙伴们用大节奏棒敲击手鼓发出的声音。当小男孩这么做时，他的护理师在训斥他的同时会给他一段"暂停"。我可以想象这个男孩在大多数的校园时光里都是带着保护性头盔的。

另一对家长的例子

我试图教我年幼的儿子一种不同但仍可被社会接受的方式来得到强

烈的感觉反馈，因此我教他一点恰恰舞及碰碰步。

但之前我并没有意识到这一点，我对他很生气（为什么？为什么要冲走我办公室的钥匙？为什么要吃猫粮？）。因此在我和他的互动中始终笼罩着烦恼和愤怒的阴云，他对所学到的东西也充满着敌意。你的孩子可能也对别人的情绪状态非常敏感，因此你要注意自己的情绪。

我的西蒙学到了什么？他学到了当他生气时，可以沿着房子后院逃走，并试图用屁股撞墙。

我把这称作"西蒙的街道、屁股战斗术"。

虽然后来每个人包括西蒙自己都认为这很可笑，但这种现象持续了好几年才消失。

另一个例子

在一项早期干预项目中，我儿子的老师要求孩子们搜查装满盆栽土的箱子，寻找埋藏在土壤里的玩具动物、鹅卵石和贝壳。

这项活动的意义可能是告诉孩子们有趣的东西埋藏在地下或在其他你看不到它们的地方，并教他们当物体出现了一段时间，而你看不见他们时，这并不意味着他们不存在了。但是我的孩子并没有理解这些泛化的道理。要理解这些道理需要将盆栽土和一般的土壤联系起来，需要他忘记被埋起来的东西，这样看到消失的东西再出现时他就会惊讶了，但是显然，他并没有做到这些。相反，通过这个活动，他学到了只要发现盆栽土就应该去翻遍，说不定能找到些好玩的东西。当工作人员发现他在大厅翻刨人造树的盆栽时，非常不高兴。

这是一个反映无意教学和不恰当泛化的例子，研究者经常说自闭症孩子可能无法对他们所知道的东西进行泛化。但在一些情况下，可能更准确的说法是，他们不知道可以在多大的合理范围内进行泛化。

无意教学，有时结果滑稽，有时则会有毁灭性的后果。它如此广泛地存在，因此我们请求专家治疗师 Lynn Medley 结合自己多年与自闭症儿童相处的经验为我们就这个问题进行概括总结。

一位专家对无意教学的观察 *

如果你曾经打算教某人某些东西，你很可能遇到过无意教学这个潜在的威胁。无意教学是这样一种现象：你本来打算教这一件事，却无意中教成了另一件事。不久前，我曾教一组自闭症中学生，告诉他们青少年身体的有些角落和孔洞因为细菌的缘故会有臭味。我确定大部分的学生因此学到了要更加彻底和更加频繁地洗手。但是有一名学生被这个发现迷住了，他不考虑身在何处，也不考虑身边是谁，只一味检查别人身体是否有味道，并比较这些味道。

无意教学发生在"教师"（此处的教师既可以是家长、兄弟姐妹、真正的教师、助教教师，也可以是治疗师）不能正确地预测课程的哪一部分对学生最有吸引力，不能正确地预测学生将怎样解读这部分、怎样将这部分与其他联系起来。

最为经典的一个行为案例如下：一对父母带着儿子一起去杂货铺，他们的儿子是一个叫林肯的自闭症小男孩。林肯不熟悉杂货店的声音和光，不了解在杂货店会有种种限制，不知道这场杂货店之旅要花费多长时间，只意识到这件事改变了自己以往的行程，因此他被这些体验吓到了，开始捂耳朵和尖叫。父母与他沟通无效后放弃购物，将一推车的货物留在原地并把林肯带出杂货店。我们不能责备父母，但我们可以确定林肯因此学会了使用尖叫逃避待在杂货店里。

这是一个典型的行为案例。再考虑这样一种情况：你想教你的孩子给人打招呼说"你好"，每次她说完"你好"后，你都会回应她："做得棒极

---

* 此节内容由 Lynn Medley 提供，作者对其致以谢意。Medley 女士为 Medley and Mesaric 治疗协会的合伙人，同时还是美国东部的一名私人职业语言治疗师。她专注于沟通和教育，尤其关注自闭症儿童的失用症。她除了为私人顾客服务外，还为一些学区和其他教育机构提供咨询，在工作坊为教师和治疗师培训提供先进的训练服务。Medley 女士是一位见证了语言病理学发展的专家，是美国教育部的咨询专家，曾在约翰·霍普金斯自闭症诊所和肯尼迪·Krieger 自闭症及相关疾病儿童中心工作多年的语言治疗师。

了！"因此，不久之后，你的孩子开始说："你好！做得棒极了！"这也是一种无意教学。

或者当你想教你的孩子在厕所小便时，你这样给他示范：拿出花园里的软管，软管出水后，用盆子接住水。然而你却发现，你的孩子除了在后院花园，拒绝在任何地方小便。这也是一种无意教学。

也许语言治疗师非常努力地想让孩子看她的眼睛以得到信息，并给孩子提示说，"检查检查"，每次目光接触时，他都会这么说。之后你的孩子也重复，"警察警察"（语言治疗师说"检查"时，孩子听成了"警察"）。这也是无意教学。

你是否想过你的孩子实际上是以赛车手的名字标注他所驾驶车辆的颜色，继而用名字来表示这种颜色？你是否想过你的孩子认为自己无法读书，是因为他没有眼镜？根据他的观察，父母和教师在读书前都要准备眼镜，而他没有眼镜，因此就不能读书。

你是否认为你的孩子在从桌上物品二选一时，表现得特别聪明？行为专家下达命令"找到_____"后，孩子就会观察专家，伸手拿物时如果专家的表情出现了轻微异常，他就会退缩，转而拿另一个物品。这也是一种无意教学。

那么你怎样才能避免这些陷阱呢？以下是一些建议。

建议 A：了解你的观众。 在一个有 8 个自闭症中学生的小组里，当他们做关于细菌的实验时，必定有一个孩子比其他孩子对细菌更感兴趣，此时他也许需要单独的课程。

建议 B：跳出框架，站在孩子的角度想问题。 孩子的感觉告诉了他什么？他听见的是"检查"还是"警察"？他是不是关注你在每次阅读之前都要戴眼镜，或者记住了他每天从学校得到的教导？

建议 C：回顾你的步伐。 如果孩子做了你不希望他做的事，那么你要努力地找出他做这件事的原因。如果他能回答，你就问他："你为什么做……"（如询问他为什么要在杂货店里尖叫）。如果他不能回答，则返回建议 B；如果你知道了他这样做的原因，则回到建议 A。

建议 D：当你有意要教些什么的时候，你要留心自己在教之前和教之后都做了什么、说了什么。自闭症孩子很难知道你想要教他什么，在选择关注点上他们很容易出现错误。

建议 E：你应该知道，尤其是在教授沟通技能时应该知道，孩子虽不了解你的期待是什么，但他会采取任何能起作用的方法。他会关注一幅画破落的边角而不是画本身。成人抖动的手会告诉他哪个物品不要选。一句话里目标词以外的词语就已经告诉他充足的信息，以至他不需要再理解目标词汇。他在某一情境下会使用某种技能并不意味着在其他情境下也能使用这一技能，有时你也这样。

建议 F：如果你要给孩子称赞或诱导物的话，给予的称赞或诱导物应该是具体、特别的。不要夸奖他会在后院尿尿了，相反，当他学会使用儿童厕所时你要大大地称赞他。

建议 G：无意教学是家长的过错而不是孩子的过错。要不断地尝试。

建议 H：把无意教学当成故事分享给朋友。当你意识到你进行了无意教学后，放轻松，笑一笑，轻松地应对。你可以和朋友分享你的故事，他们肯定也有过无意教学。

更多不要做的事情：阻碍孩子自我发展的事情

建议 81：不要强迫你的自闭症孩子久坐。

我们现在知道一些自闭症孩子需要靠运动来感知身体、清晰思考、保持专注。因此，要求这样一个孩子过长时间地坐着肯定是不对的。对于一个需要大量感觉输入的自闭症孩子来说，如果她被要求长时间保持久坐不动，会出现严重的"感觉饥饿"。此时她会忍不住冲出去或是摔东西。

相反，你要试着给一些在桌面上进行的任务增加感觉反馈并使用能增加感觉输入的家具、玩具或艺术品。你可以把一些抓握玩具放进孩子的口袋或软布包里，孩子可以随时玩这些玩具，这么做可以给孩子带来益处。

相关策略：游戏、惯常活动、分享家务的例子

建议 82：通过分享家务建立孩子的家庭归属感、责任感和个人成就感。

此条建议的最终目的是你能把一些家务活儿单独指派给孩子。

根据孩子的兴趣和能力，让自闭症孩子做一些固定的家务活是非常有意义的。对家务共同的责任能使他融入到家庭中，并表明他是不可缺少的一分子。

你可能需要激发孩子的自我认知，让他认识到自己是被需要的。例如，你可以把他带到花园，用很重的石块把吊桶填满后，拿杆穿过吊桶把手。此时你抓起你那边的杆，然后用手指一下杆的另一头，以手语和口语问他："内森，你能帮我吗？"然后你们把吊桶抬到合适的地方，再要求内森帮你把石块卸在需要的地方。

如果你的莉莉喜欢狗，你可以让她给狗喂食和喂水。如果莉莉吃饭喝水时，狗也在吃食喝水，则莉莉给狗喂食这一活动可能又增加了意义。你要指出这件事的意义并用语言描述。也许莉莉还可以先给狗刷毛，然后再自己洗头。

吃饭后，查理可以帮忙清理桌子；莱利可以给银器分类；弗兰克可以帮忙倒垃圾；席琳可以把要寄出的信放到信箱里；艾玛可能喜欢擦窗户。

自闭症的孩子可能会喜欢帮忙洗车，当车很脏的时候更是如此。寻求感觉输入的孩子可能喜欢修剪花园里植物的枝丫，并把它们扔进可循环垃圾桶。

视觉型或受过教育的自闭症儿童可能喜欢把家务表贴在墙上，用文

字、图片、图标标出属于他们的家务活儿。这样的家务表对他们比较合适，可以带来益处。

你的、我的和我们的

在分配家务时，你可能会注意到：为了家庭关系的和睦，你的玛雅需要做一些关于"你的"和"我的"的练习。

一种帮玛雅弄清所属关系的方法是把所有人的鞋子都堆在一起，然后让玛雅来分类。有时，你可以硬插一脚，拿出一只玛雅的鞋子，往自己脚上试穿，肯定会穿不进去，这时你可以说"是我的鞋吗？噢，这不是我的鞋子"之类的话。当玛雅把自己的鞋子放在一块儿时，让她用手语或口语说出："我的。"

建议83：尝试一项团队建筑项目。

玩具船

你可以试着和你的自闭症孩子夏洛特一起建一艘玩具船，如果她有兄弟姐妹，可以让他们一起帮忙。

这艘玩具船包括三个部分——船体、船舱和桅杆。夏洛特可以用钉子把这三部分联结起来。

家长或其他成人可以提前设计好各部分的尺寸。你们使用5厘米×10厘米的木板，船体大约20厘米长、10厘米宽，修整边角直到合适；船舱大约10～12厘米长、10厘米宽；桅杆可以是一个20厘米高、直径0.6厘米的销杆。

你会需要一台钻孔机、一个木槌或榔头、一把老虎钳或一些轧头、一些防水的颜料和画笔。你要提前在船体上钻两个直径0.3厘米的钻孔，孔深达到木板厚度的一半，在船舱底部相应部位做标记，同时要在船体上为桅杆钻一个直径0.6厘米的钻孔。你要教夏洛特打开工作台上的老虎钳，固定好船舱。然后你要帮她在船舱底部钻孔，孔要穿透船舱底部木板。

孔钻好后，让夏洛特把一根稻草或吸管戳进孔里，这样夏洛特就会知道自己做成了什么。

之后，将船体和船舱放在同一个平面上，让夏洛特和其他孩子（如果有其他孩子在场）看到这两部分是分开的。再将船舱和船体上的钻孔一一匹配，帮夏洛特用先前准备好的钉子把对应的孔钉在一块。也许可以先让夏洛特钉钉子，再让她的兄弟钉。

向夏洛特和她的兄弟展示，他们已经把两部分钉在一块了！欢呼吧！也许有其他人愿意把桅杆装好。

让孩子选择颜料给这艘船刷颜色。

颜料干了之后，你们一起将船放到水池或浴缸中，测试船的适航性。

如果你喜欢，可以安装一个小小的三角形的帆，并在船头前端装上螺丝眼，这样就可以在上面安上线球。最后你要把孩子们带到湖边可以涉水的地方，和孩子们一起起航你们的帆船。

一路顺风！

不牢靠的家具

如果尼尔总是紧跟着你，赶也赶不走，你也许可以和他一起做个建筑项目。

找一两把椅子，1张可拆卸的小桌子。确保它们对你的孩子来说大小合适。

在尼尔的注视下，你把椅子腿卸下来，然后递给尼尔一把榔头，帮他把椅子腿重新装回去，再鼓励他坐在新装好的椅子上，享受自己的劳动成果。同样地，你也可以把桌子腿拆下来，然后帮助尼尔用螺母和螺栓、用榔头或像拧灯泡一样拧紧桌子腿，总之使用任何可以的方法把桌子腿重新安上。然后让他使劲敲击桌子，证明现在桌子又是非常牢固的了。

一段时间后，当尼尔正忙于其他事情时，在他坐上椅子前，你把一只椅子腿移走，如果他跌落下来，你就表现出震惊和惊愕的样子，然后递给他一把榔头，让他把椅子修好。当他认真地修椅子时，你把桌子腿拆下，然后要求他在桌子上画画，此时桌子开始向一边倾倒。你把桌子腿给他，看看他是否能修。如果不能，则要给他帮忙。*

你可以把这项活动推广到任何愿意修理家具的人中间：兄弟姐妹、朋友和其他亲属。现在尼尔对修家具充满了成就感。

建议84：用实例来增强孩子对家庭成员和其他人的面部表情的分辨能力。

利亚姆可能要花上一段时间才能建立神经面孔地图，这幅地图能帮助他对面部轮廓的变化赋予意义。在他建立这幅地图的过程中，他还是不能非常准确地从家庭成员和其他人的脸上读出他们的表情。

如果你认为利亚姆需要锻炼从他人面部识别出表情的能力，以做出相应的反应，那么可以尝试两种方法。一种锻炼方法是使用照片、提前印好的卡片或从网上下载的人脸来训练。

另一种方法是让合作者——成人或孩子做出不同的表情，让其辨认。你可以相应地说："噢，看朱莉姑妈要疯了！""看到利林了吗？他很快乐！""看，爷爷很震惊！""看，特里姑妈正在做鬼脸！"

如果你有打印好的人的面孔的图片，挑几张放到利亚姆面前，让他练习辨认人的表情。你可以向他提问："利亚姆，给我指一下那个笑着的小男孩！""把那张很悲伤的女士的图片给我！""那张发狂的小男孩的图片在哪里？""这张图片上的人是害怕了吗？"

建议85a：播放音乐以加强意义，增加联系。

音乐，包括歌词和旋律，都为触及自闭症孩子提供了强有力的工具。歌词应尽量具体，要尽量基于孩子现有的经历。

---

* 为了避免无意中让孩子发现他的修理方法是错误的，一段时间后再查看桌子是否修好了。毕竟，东西虽然没修好，但是仍可以用一段时间。

旋律则完全没有限制。

当其他沟通形式都失败时，音乐还可以向自闭症孩子传达意思。你可以使用特定的歌曲表达你此时的意愿，增加信息。当你们旅行时，可以使用一首歌来提醒内森你们的目的地。一首歌"陪伴"你们去杂货店，另一首歌"陪伴"你们去看医生，还有一首歌"陪伴"你们去公园。你要试着让音乐起某些固定作用，如用某段音乐代表你们将见到的某个人的名字，代表到达某地后你们将要做的某件事情。歌词传达意义而旋律则提供持续性，因为旋律会持续一段时间，使人想起某段旅程。因此，歌曲能减少焦虑。

音乐是迷人的，它也可以是内容丰富的，孩子们可以参与进来，唱歌、鼓掌、发出嗡嗡声或是有节奏地敲打窗户。如果旅行时播放夏洛特最喜欢的音乐，这就相当于向她传达了这样一条信息：你关注她的爱好和选择。

如果你正在上幼儿园的儿子本斯喜欢奥蒂斯·雷丁（Otis Redding）的歌，但不能理解歌词，这也并无大碍，你依然可以为他播放奥蒂斯·雷丁的歌。

你的奥利弗是一个需要一点点建构自己的真实性的孩子，连续的旋律本身就可以帮助奥利弗建立自己的持续性。他会发现音乐很舒缓，会想在每个醒着的时刻都播放磁带、CD、DVD或其他音乐设备。如果播放音乐影响到了家庭生活，你可以尝试教他使用戴耳机的音乐播放设备；教他可以不用别人帮助自己独立使用耳机。如果成功的话，这个技能能帮助他应对公共场合下的问题。

一般原则

你要选择与孩子日常生活和兴趣有关的歌曲。歌曲应该形象具体，这样他们的所听、所看和所触摸能够统一起来。你可以让他们把歌曲的每一段都表演出来。当你把歌曲的意义具体化，使之可视、可听、可触摸、可模仿时，不仅突出了歌曲的意义，还使孩子更能把歌曲的意义推广到真实的生活情境中。

建议 85b：对大众歌曲进行改编，并根据你和孩子共同的、当时的经历创作一些新歌；当你做歌中提到的事情时就唱这首歌。

一位家长告诉我们：

当杰米正处于探索的年龄并把厨房里所有的罐头都拿出来时，你可以帮助他用罐头排成一列小火车。当他打开了所有的橱柜门，挡住了你的路时，要更好地处理这种情况，你可以唱"让我爱的人打开抽屉……到你的心里"（皮特·汤森《荣誉》）。

另一位家长的报告：

暴雨过后，我的儿子会在排水沟处玩，玩沟里的小水流。玩完之后，他喜欢坐在我们干净清新的农村社区的路边。因此，我们创作了《灰尘歌》，邻居们都知道这首歌的歌词。

灰尘歌

你的衬衫——衬衫——衬衫上，

沾上了灰尘——灰尘——灰尘。

你的手上——手上——手上，

都是沙子——沙子——沙子。

你的袜子——袜子——袜子里，

有小石子——石子——石子。

好像我们的血液——血液——血液里

都有泥——泥——泥。

合唱：

我们喜欢沙子、泥土和小虫。

我们压扁污垢，嘲笑细菌。

我们喜爱灰尘。

要注意，重复有利于一些失用症的孩子说话。

小插曲

从家里DVD的类型看家庭对孩子的关注程度

你也许认为自己知道可能性定律。你可能有高级学位，是一位精算师、保险理算员、数学家或是刚学过统计数据，那么请计算出以下事件的可能性：

格雷厄姆一定要看DVD。他一刻也不能等了，必须马上看！否则他就会大发雷霆，宇宙大乱，地基晃动！你必须赶快播放手头有的DVD！但是这些碟片却没有标名字。你想知道如果播放错了碟片将有多大危害？我们只有《动物世界》《迁徙的鸟》《迪斯尼系列》《海底总动员》和《猴子》等碟片。

你拿出一张碟片，并按下播放键。

碟片依然可以播放，但播放的是什么画面呢？正好是电影《阿尔及尔之战》(*The Battle of Algiers*)的酷刑场面。

·9·

给家长的另外一些建议

建立联系和情感纽带

我们必须提醒你：孩子有自闭症并不是你的过错。记住，赖利明显的不回应行为只是她的一种状态，而不是有意的拒绝。虽然如果没有帮助，她无法以通常的方式表现出你们之间的感情，但你和孩子之间仍存在持久而深刻的关系。并且你会帮助她。

建议 86a：你要知道，即使你没有觉察出，但父母和孩子之间总是存在着纽带的。即使孩子从未向别人表现出这种情感纽带，但他依然爱着你。

你需要去发现。

例子 1

一位家长报告了她的艾米很少会拥抱她，在她拥抱艾米时，艾米总是东张西望。她需要教艾米怎样亲吻，并且当艾米碰到困难时不会找她寻求帮助。但是有一次，她没能赶在校车之前先回家，回家后她发现，艾米正从一个房间到另一个房间，在所有妈妈常去的地方寻找妈妈，露出被抛弃、失去亲人的样子，泪流满面。之后，她便知道艾米爱着她，于是便亲吻了艾米。

孩子的爱可能被伪装着，用嫉妒、愤怒来表现，也许还可能以其他间接的、不易察觉的方式来表现。

例子 2

米勒博士讲述了一些情境：当父母有了新的需要照顾的小宝贝时，却突然发现他们的自闭症孩子变得痛苦、焦虑、有攻击性，甚至开始自伤。当家长的注意力要分给新孩子时，自闭症孩子也像普通孩子一样，要寻求

9
给家长的另外一些建议

家长的更多注意。这就揭示出自闭症孩子是爱你和需要你的这一事实。

你可能会发现,当你照顾更小的孩子时,你的杰米可能会无缘无故地撞到你,此时,他便是在寻求你的注意。处理这种情况的最好的方式是和他沟通,你要对他说,"妈妈现在要给安吉拉换尿布,换完之后就和杰米玩。"或是当你转向其他孩子时,仍然把一只手放在他身上,弄乱他的头发或是拍拍他的肩膀。

你可能认为自闭症孩子的古怪行为是一种对你的拒绝。你可能想给小宝宝或其他正常的孩子更多关注。这些想法导致你回避你的自闭症孩子,这是正常的。但是你的自闭症孩子却极度需要你,比普通孩子更需要你的情感支持,更需要你待在身边。*

如果你的孩子看起来和你之间真的不存在情感纽带怎么办?

建议 86b:你可以通过在日常互动中保持一种强有力的、支持性的、有趣的、有建设性的、并且有适度挑战性的态度来建立并加强与自闭症孩子之间的情感纽带。

你可以通过保持高要求、高支持的态度,建立与孩子间的情感纽带,并增强孩子的能力。你要怀着对孩子的高期待,经常性地和孩子互动。即使要花费很长时间,也要让你的迈克尔自己穿衣、系鞋带,只在他有需要时才帮忙;让苏菲推购物车,而不是让她坐在购物车上;让安德烈自己画画并上色,即使这样会弄得更脏乱,你也不要手把手地帮助他。之后,你可以和他一起做善后清洁工作。

---

* 此处提醒你,你需要休息。为了得到帮助,你可以尝试一切可能的方法,本地的学校和大学需要为特殊教育专业学生寻找实习机会,增加有关特殊教育的经验。因此保姆和学生教师都可以为你服务。

不利于建立和维持情感纽带、阻碍孩子进步的态度

· 你提出了一些对孩子而言无意义的要求。例如，在还不确定杰登是否明白"一天"是什么概念时，你就要教杰登每周七天的名字和各个季节的名字。

· 你不再对米娅怀有期待，为她包办所有的事或每件事都和她一起做，导致米娅因自我锻炼的机会不足而变得无助。

· 因为拉胡尔喜欢看电视或玩电脑，你就把他放在电视或电脑屏幕前一整天。

不是所有的电视节目都是有害的，芝麻街及与之相似的互动性质的节目对自闭症青少年有建设性意义。尤其当拉胡尔和他的朋友一起看节目，并且他的朋友还评论、参与节目时会更有意义。但对谋杀悬疑、恐怖、怪兽、外星入侵等类型的电影要谨慎对待，因为你的自闭症孩子可能无法理解那些场景和形象是虚构的。你也不希望让那些暴力画面充斥着孩子的意识，使他白天始终警觉不放松，晚上做恶梦。记住，他的分辨功能可能很弱，也许会以个人化的、立即的、下意识的方式体会涌来的包括视频信息在内的各种感觉信息，好像这些感觉都是真的，甚至他自己也被牵涉进去。

建议 87：如果你的孩子逃避眼神接触并经常瞥向一边看其他东西，那么你可以咨询你的医生或营养师。

这种状况也许可以通过服用鱼肝油或其他天然食品补充维生素 A 来解决。

但如果上述措施不起作用，你可以通过参与到莉莉最喜欢的活动中，帮助莉莉学会看你的眼睛。假设她最喜欢用蜡笔画画，当她的手里只有一支蜡笔时，使蜡笔从她手中滑落。你捡起蜡笔放在自己面前，高度最好与她的视线平齐，这样当她伸手拿蜡笔时就不可避免地会看到你，此时你立即把蜡笔还给她。多次重复这个活动。你也可以在其他活动中用其他东西来尝试这一方法，不久后，莉莉就会更加轻松地看向你了。

建议奏效的原因

对莉莉而言，多次重复这个小把戏可以增强你的重要性。首先，她把你看做蜡笔的背景板；然后，当她拿走画笔时，你就成了她周围环境中的焦点人物。

建议88a：如果你的孩子有消失在自己的世界的倾向，那么你要通过"出现在他面前"这一策略来阻止这种倾向。

一些不让爱丽尔逃跑、重新抓住爱丽尔的无害的方法：把爱丽尔真正地惹恼；给她穿衬衫穿一半，这样她就必须扭动身体，思考怎样把胳膊放进去；给杰西卡穿上一只袜子，然后心不在焉地拿着另一只袜子不动；当卡梅隆想走过时挡在他面前；当格蕾丝在角落处转圈时，撞到她。

如果你的杰克忽视了所有你用来吸引他的玩具，你可以把一两个玩具塞到他的口袋里或衬衫下，使之接触皮肤。这样做产生的额外感觉会帮助杰克与外界产生联系并可能使他愉快。

建议88b：如果你的佐伊想逃避，你要增强和丰富她的真实性以使她和你一起参与到活动中。

你可以用很多方法增强和丰富你孩子的真实性。一种是使用米勒法中提到的高台建筑，把寻求高度感觉的佐伊升高。你可以把她放在高台上、树屋里，让她站在野餐桌的凳子上或其他任何能安全支撑佐伊离地约0.8米的物体上。在上述每个情形中，你都是在增加她对高度的体验、减少她思维飘散的机会。因为做这些都需要她非常注意脚的位置、注意平衡和双手的使用，因此她的专注力得以提高。

你可能还想要配置一些能刺激孩子多种感官的玩具，如发出声音时会颤动的叉子和玩具；闪光的玩具（如果你的孩子是色盲，最好不要让玩具发红光）；或是一个轻轻的、你可以用来做游戏台子的箱子；有毛的、质地柔软的玩具；可运动的玩具以及可以从天花板上悬下的报时和移动类玩具。

更多关于增强和丰富真实性的内容

为什么你可能会需要一条狗

如果你的邻居或当地允许养狗，养一只对孩子友好的狗狗不仅可以在紧急情况下追踪你的本斯，还可以帮助他学习轮流、与人互动以及保持平静。狗狗可以成为玩伴和代理哥哥。抛球接球游戏是一项非常适合自闭症孩子和狗狗的游戏。用柔软的棉绳进行的拔河游戏也是一项非常好的选择。狗狗会非常喜欢这个游戏，而你的孩子也能得到他需要的身体刺激。

一只按标准训练的狗狗可能刚好符合你的需要。虽然数量不多，但对你的孩子而言，一只经过特殊训练的服务犬可能会改变他的生活。狗狗能增强自闭症孩子的情感和责任心。在公共场合，一些自闭症孩子只有当和他的狗狗在一起时才能保持镇定。一些孩子在和他们的狗狗玩耍时学会了说话。

怎样应对重复性活动（或刻板行为）、不被接受的行为和中止沟通行为

这些行为可能会捆住你的孩子，让你疯狂，并干扰正常的沟通和互动。因为一些感官或生理的原因，你的自闭症孩子亚历山大可能被卷入

长时间的重复或毫无意义的活动中去，这种活动可能不仅使你和其他人恼怒，还会使亚历山大封闭在自己的世界里。你可以把这种活动转变为灵活的、互动性质的活动，使之能帮助亚历山大与别人交流。在所有情况下，你的目标都是使活动变得有互动性，使亚历山大能与更多人交流，给亚历山大的活动增加灵活性并增强他对自己能力的认识。以下是一些处理重复行为、不被允许的公共行为和其他自闭症儿童家庭常见问题的例子。

咬人

你要检查孩子是否在长牙、有蛀牙、牙齿有破损，以防咬人是一个局部问题的信号。但如果问题不在此，那你要尝试大规模地增加对孩子口腔的刺激。如果孩子还非常小，你可以考虑使用奶嘴。如果是大点的孩子，则你可以寻找一些孩子可以咬的产品或器件，通过让他咬这些东西给下巴带来感觉输入，减轻压力，使他能应对可能无法告知你的一些疼痛。这些东西要能食用或能咀嚼，可以是坚硬的，也可以是有弹性的或易碎的。长条的塑料管、难嚼的口香糖、爆米花、橡胶玩具、适合用在嘴里的言语治疗设备、棒棒糖样的太妃糖等都可以成为足智多谋的家长们的选择。注意不要使用任何易碎、易导致窒息的物品。你可以寻找一些方便携带的可放在口袋里随时可用的物品。

向下丢东西或扔东西

你的亚历克斯可能会因没完成其他孩子都能完成的事情而扔东西。他可能会把东西从高脚椅的托盘上抛下、扔出车窗、扔过走廊栏杆或丢到墙角等。你可以通过和亚历克斯深入地探索扔的动作来帮助亚历克斯获得一点智力上的发展。

建议89：为了控制丢和扔的动作，你可以和孩子一起在一个封闭的空间里练习扔和丢。

你要教他怎样变化和拓展自己的活动，并与你及其他人一起分享。

例子

你和亚历克斯一起坐在地板上，在他的旁边放一个装满塑料球的筐子。亚历克斯要扔球时，你给他指向不同的方向，引导他扔球。如果他接受了你的建议并愿意与你交流，那你要试着鼓励亚历克斯朝不同的容器里扔球。让他把球扔进一个干净的垃圾筐内，然后听听会产生什么样的声音；或把球扔进水桶里，听水溅出的声音。如果他的臂力很好，你可以鼓励他把球扔过一个带洞的木板，或是把球瞄准一个悬挂着的物体扔去，如扔向一块金属三角板、铃铛或是带弹簧的塑料玩具。当亚历克斯熟悉了目标之后，你要移动目标并重新安排它们的位置。

当亚历克斯注意到这些新安排后，你要再让他把不同大小的球扔进垃圾筐及水桶里。

如果亚历克斯能继续与你一起做事，那你可以和他轮流扔东西。最开始你扔的时候，可能还需要握住他的手不让他扔。当他等你完成，自己才开始扔的时候，你就知道他理解轮流的意思了。现在他再扔球就有互动性质了！

在扔球的同时，你要用语言描述每个步骤！

一些家长发现，以第三人称称呼自己和孩子很有帮助。因为说成"该弗兰克扔了"、"该爸爸扔了"比说成"该你扔了"、"该我扔了"更容易理解（对学习语言的新手来说，在不同的时间，好像每个人都既可以成为"你"也可以成为"我"，令人费解）。

你可能想每天设定一个固定的时间来扔球、扔玩具等，但你需要记住，要在孩子对活动仍有兴趣时就停止游戏。

如果你的亚历克斯认识数字，你可能会发现和亚历克斯一起扔东西有利于他数数。当你准备停止扔球时，你可以倒计数说"还剩3个（可以扔）"，"剩下2个（可以扔）"，"剩下1个（可以扔）"，"所有的扔完啦！"如果亚历克斯知道"多少""多少次"之类的概念，你可以问他，"我们要再扔多少次啊？"并且不断追踪记录，最好是写在板上便于亚历克斯看到。

如果你每天都花 5～10 分钟时间和亚历克斯一起扔东西，他会逐渐发现自己能完成这一领域的任务。如果你能逐渐把扔物活动发展为追赶游戏或狗接球游戏会更好。你可以教你的狗学会"取物"命令，当用语言或手语发出这个命令时，狗狗就会把东西取回，这样的游戏即使你的孩子不会说话也可以玩。

拍打

卡特可能会用力地拍打自己的手或胳膊，原因可能是：当他静止地站着或坐着而不能觉察自己身体的位置信息时，用拍打的方式告诉自己有关自己身体的空间位置的信息。

建议 90a：相较于拍打行为，你所做的能给孩子大量生理感觉的任何事情都会有帮助。

例子

大量感觉输入的作业治疗、艰苦的住房条件、按摩和按压可能都会有效果。

如果有拍打行为的佐伊还很小，你可以把他扔到空中然后让他落回床或柔软的沙发，这样也可能会有帮助。

向你的医生或营养师咨询，服用自然形态的维生素 A（如鱼肝油）是否有助于更强烈地感受到神经输入。

建议 90b：如果你的加文经常拍手但好像并不是为了寻求大量的感觉信息，那你可以教他在手指间来回翻转钢笔或铅笔或使用一个抓握玩具来代替拍手。

建议 90c：你可以尝试让孩子撞奏铙钹，增强身体知觉以消除拍打行为。

建议奏效的原因

这样做好玩而且提供了能增强身体知觉的多种感觉刺激。通过让亚历克斯将铙和钹撞在一起，他可能会因听到和感觉到自己制造的声音和震动而激动不已。

其他变式

你可以给亚历克斯每只手上都缠上砂纸棒，在手指上装上手指钹，手腕上都缠上铃铛。让亚历克斯两手摇动，重击砂纸棒，砂纸棒、手指钹和其他能产生声音的设备就会一起发出声响。

你也可以给亚历克斯小手鼓以发出声音，小手鼓的边缘装上铃铛或是叮当响的圆盘会更好。

冲洗

不断地冲厕所可能会使你的孩子感到很满足。伊莱可能喜欢水从水箱内冲出时发出的哗哗声；他可能喜欢看螺旋样的水被抽到排水管的景象；他可能还发现随水而去的一些东西也消失不见了，这令人高兴；他也许觉得有必要将冲水行为继续下去；他可能因此在脑海中进行了一系列关于地心引力的实验。

冲厕所能成为一项强大的、难以中止的活动，因此与其简单地命令他停止这一活动，不如……

建议 91：如果你的伊莱不断地冲洗东西，那你可以首先使冲洗行为有互动性质，然后发展一些能吸引伊莱、具有互动性的衍生活动，最后以衍生活动代替冲洗活动，直至冲洗活动的吸引力消失。

互动性是容易达成的部分。你可以和伊莱轮流冲厕所。当你们冲厕所时，要用语言叙述，可以说"该伊莱冲了"、"该妈妈冲了"，等等。

然后你可以设计一些衍生活动。这些衍生活动是不需要因果逻辑的活动，但它会涉及运动感觉或引起声音、泡沫等，还会用到水以吸引伊莱。如果伊莱不由自主地还是特别想重复冲洗，也许在他能抵抗冲洗活动的欲望前，他需要多试一些其他的衍生活动，以逐渐削弱冲洗对他的吸引力。

例子：伊莱也许对基于水的衍生活动感兴趣

你和伊莱轮流操作自动饮水器，要边操作边叙述，"伊莱按这个按钮！看水！"或是"该凯莉阿姨按按钮了"或"出水了，出水了，出水了！"等等。

你和孩子在后院轮流用水管喷水，边喷边喊："伊莱在喷水"、"该弗兰克姨夫喷了！"

你和孩子轮流向一个玩具水轮内泼水，边泼边描述："伊莱已经泼了"、"现在该苏珊了"。

对一些孩子而言，使他们不由自主要进行冲洗活动的是按压按钮的声音。对于这些孩子，你们可以把轮流按压玩具厕所的声音按钮作为一项衍生活动；或是在进行冲洗活动前先轮流按录音机的播放键，把它作为一项衍生活动。

在你们回到具有互动性质的冲洗活动之前，你要尽量使伊莱能够容忍不只一个衍生活动。通过练习，在进行冲洗活动前，你要建立越来越多的衍生活动。一段时间之后，更被接受的活动就能逐渐消减冲洗活动的吸引力，而后伊莱就会没有兴趣再进行冲洗活动了。我们希望这在你的水费账单猛涨之前发生。

撞击

你要努力把撞击行为转变成沟通性的身体接触如击掌、握手或拍手（孩子较小时）活动等。你要努力使身体接触发生在白天的活动中，并鼓励大些的孩子进行有频繁身体接触的运动。

如果撞击是一个长期性的问题，那你可以尝试给予一些夸张的感觉回应，如吹救援口哨、扔条毛毯盖在孩子身上、向他的头上倒水或是突然用电力发泡机造泡泡，用泡泡把他围起来。

踢人

对于一个小孩子而言，如果踢人已经发展成为一个问题，那你可以通过握住他的双手，尽量向后站，并不断积极地重复"下面，我们将进行……"（任何你的安排表里的事项）来应对这种行为，然后平稳地过渡到下一个活动。

此时，你向他传达了这样一种态度：踢人没有意义并且不能带来任何结果。在此，你甚至不需要再说"停止乱踢"。

如果事态发展已经超过了上述阶段，你可能需要特殊的装备。一位家长报告了她曾无意中教会儿子以为踢人是有趣的、好玩的，是激动之情的一种表达。因为儿子第一次踢她时，她并未看清他的动作，失去平衡后跌倒了，这成了对儿子行为的一种极大的鼓励。此后，为了摆脱儿子的踢人行为，她只好连续六个星期都穿曲棍球胫骨护套，之后才平稳地过渡到下一个活动。

关闭光源开关

如果阿米莉亚喜欢不断地打开、关闭电灯开关或是重复开、关电视或电脑屏幕，那你可以抓住他这一恼人的行为，并加以改造。

9

给家长的另外一些建议

建议92：当阿米莉亚把电灯开关来来回回地关上、打开时，首先你可以和她一起打开、关上电灯，两人交替并用语言描述。然后用相似的物品如手电筒代替电灯，你们轮流地开、关手电筒。在这一过程中，依然要用语言描述。

其他例子

你也可以用其他带开关的玩具来代替，如带灯的纺纱机、悠悠球，或带红色滤镜、有多种颜色的更精密的手电筒。一些科学玩具商店还卖另一种手电筒，这种手电筒利用摩擦力生电而不是使用电池生电，挤压扳机就可以产生电力。相较一个简单的手电筒，这类玩具更能增强孩子的视觉和触觉兴趣，还有可能对孩子产生有吸引力的声音。

排列物品

排列顺序是恢复混乱世界的秩序的一种基本方法。如果你的利亚姆沉迷于给物品排列顺序而隔离了其他事物，那你可以利用他的这种给物体排列顺序的意愿将他从自己的世界中拉出来，使他对外界信息更加开放。

如果利亚姆正在给他收藏的玩具小车排列顺序，你可以尝试以下步骤：

建议93a：成为小汽车的提供者（不论他正在排列什么——木块或玩具动物——你都要成为这种东西的提供者）

以下是这项技术的说明

首先，如果利亚姆正在排列小汽车，则你要收集大量相似的小汽车供自己使用。

递给利亚姆一辆小汽车。如果他接受了，那很好！如果他没接受，你就把这个小汽车放在他的车队尾端附近。如果他没捡起这辆小汽车，你可以把这辆小汽车放得更近些，直到他捡起这辆小汽车。

当他把你的一些小汽车添到自己的车队之后,你再拿出一辆小汽车放到自己的面前,这样他从你的手中拿过小汽车之后,就会看到你的脸。你就这样使自己加入这个排列汽车的活动中。

然后你逐渐移动,离他远一点,一次大约挪动30厘米的距离。这样,为了拿到车,他也必须移动一些。

如果你距离太远,使利亚姆感到焦虑,则你要向前近一点。

当你成功地使用这个技术后,你便拓展了利亚姆的排列活动,使这个活动更加有互动性、更加灵活,并且你使自己介入他的游戏中。

如果那样做有效果了,你还可以试着加入他,与他一起排小车。

你还可以通过让你的玩具小车在利亚姆的车队附近来回跑动或让玩具小马慢跑着越过他的小车来拓展这个排列小车游戏。

当利亚姆排列完小车后,你要仔细观察一下他的车队。这个车队是否是按一定的顺序排列的?是按照车的颜色、型号还是按照车身上的数字排列的?如果是,则记录下来。此时,他向你展示了一些他的思维分类方法。

建议93b:你要努力地和莱拉一起参与到活动中,以增强沟通。

如果莱拉正用自己储备的积木排列顺序,那么你也为自己找一些相似的积木。

你可以试着把你的积木加到她的积木队伍里去。她很有可能不接受这一行为!她也许有自己的打算,如按照形状和颜色来排列积木!也许她只是不能接受你拓展游戏,完全参与到她的活动中去!

但如果她接受了你的积木,那就欢呼吧!你要试着和她轮流添加积木,如果你的积木都被接受了,则下一次你再添积木时,把它排列得稍微歪斜一点。

如果莱拉看出了你的错误并把积木重新摆正,你不要阻止她,让她去做。下一次再到你添积木时,再一次把积木放得偏离方向,然后观察莱拉。如果她有点不安,就迅速调整好积木的位置,心领神会地点头,好像

9 给家长的另外一些建议

你刚刚意识到了她的不舒服。重复这个过程，每一次都犯不同的"错误"，但要注意不要太超出莱拉对于混乱的容忍度。你要记得在她还对游戏感兴趣的时候就停止游戏。

积木游戏还可以以其他方式来拓展。你们可以尝试一排排地排列积木，每人排一排。当排到合适长度时，你可以用手指在你的那排积木上走动，然后试着在莱拉的积木上走动，并鼓励莱拉也用手指在你的那排积木上走动。

你可以试着让玩具马沿你的积木跑动或是跃过积木，观察莱拉是否也会这样做；试着用玩具车在积木旁疾驰，并发出热闹的汽车噪声，看莱拉是否也会这样做；试着在积木旁降落一架玩具飞机。

如果你要把排列的积木作为玩具车行驶的道路，可以把你的积木和莱拉的积木连接起来并试着让车在莱拉的积木上行驶，然后观察莱拉是否也会在你的那列积木上让玩具小车行驶。

如果你认为莱拉有足够的耐心，那么你就可以制造一场交通堵塞。你按响汽车喇叭，用手擦眉毛，并大声喊，"噢，不！我要被堵在这里好几个小时！"

如果莱拉着急得想要撞车，你也不要吃惊。

其他变式

在积木路的末端加一段坡道，坡道下面是一些想要上去的小车。然后你可以询问莱拉是否要把车开下坡道。你还可以设置一个虚拟的加油站，用来给车加油。

你要努力把这个活动延长到20~30分钟，每天都玩，直到惯例式的排列顺序活动失去吸引力。

建议93c：尝试平行游戏

索耶和你各排列了一排农场的动物。你打乱了他排的动物，他很烦躁。

然后，你在继续往自己的队伍里添加动物的同时，给了索耶一只玩具动物。在他接受了几只后，你想从他的队伍里拿一只玩具动物排列到你的队伍里。你可以通过作出"给我"的手势并轻拍张开的手掌，使请求更加具体。

如果他递给你一只玩具动物作为回报，则你们就是在建立互换关系。

尽量持续这种给予和接收动物的行为。

在公共场合或家里手淫或勃起

建议94：带一件大衣。

如果你的利亚姆在公共场合手淫，你可以给他一些体积大的东西让他拿，或是让他推购物车。如果利亚姆拜倒在面包店一位女士的美丽之下，出现了明显的勃起反应，那么尽量使他不要被这位女士看到，并尝试相同的策略，让他拿一些体积庞大的东西或是推购物车。此时，通过你的行为让孩子知道这并不是一件可以发生在公共场合里的活动，同时你也让孩子的双手有其他事可做。如果你没有体积庞大的东西，也许可以让利亚姆拿着你的大衣。你需要一些能占据他的双手、掩盖他的反应的东西。

当然，如果他感受到的勃起刺激过于强烈因此而寻求你的帮助，你要镇定地把他带到浴室，给他一块冷的湿毛巾，供他使用。

如果你发现你的自闭症孩子在家里手淫，你可能只需要确保她待在自己的房间，让她自己单独待5~10分钟，然后你去敲门，建议她做些别的事情。

在见证这些正常发展时，你要尽量保持平静。如果你对孩子的手淫反感并花费大量精力阻止，你一定会看到更多的这类情况。

·9·
给家长的另外一些建议

赤身裸体：一个与感觉相关的议题

建议95：你要带着替换衣物并且不要经常把车窗摇下。

也许你的孩子是一个有着多种、大量感觉需要的孩子（Multiple intensive needs kid，简称为MINK）。他喜欢风、沙子、水经过皮肤带来的感觉，甚至喜欢任何流过、吹过皮肤的东西带来的感觉，或是质地特殊的东西给皮肤带来的感觉。因此，他会尽量全裸来满足巨大的"感觉饥饿"。

你可以向孩子解释什么时候裸体是可以被接受的，什么时候人们会认为这样不好。如果他会说话，他很可能会很惊讶地盯着你然后反驳你。

因此，你必须要准备好。你的欧文可能在你看见或没看见时，在大家都坐下来准备吃饭时，在牧师就在门内时就脱光了衣服，甚至在你以为他不会这么做时就脱掉了衣服，如在雪里。

一位家长报告，她的儿子喜欢在过马路前脱衣服，喜欢在没经过同意时就脱光衣服跳进邻居家的游泳池。有时，她能抓到儿子，因为孩子会停下来把手指伸进雕塑熊的鼻子里。如果她比儿子慢，孩子就会去按响邻居的门铃，脸上挂着胜利的微笑，身上什么也没穿。这通常发生在早上五点钟。

因此，你必须对你的盖伯瑞尔会突然脱衣服提前做好心理准备：

• 盖伯瑞尔待在车里系着安全带。在安全带没被松开前，他就把衣服脱光了（因此你要注意保持车窗紧闭）

• 盖伯瑞尔在去学校的公交车上脱光了衣服。

• 盖伯瑞尔在商店里脱光了衣服。

• 在后院的浅水泳池，盖伯瑞尔为了获得大量、令人满意的感觉输入而脱光了衣服。

他可能还会趁你不注意时快速地把衣服处理掉。

例如，你走进后花园，发现你亲爱的尼克拉不仅一丝不挂，他的衣服也消失了。衣服不在他附近，也不在花园水管处，不在后门处，也没有挂在专为挂衣服而设置的挂钩上。狗狗没有穿他的衣服，其他孩子也没有见到他的衣服。衣服消失了。

衣服可能在的地方：

- 在鱼池里。
- 在床底下的玩具房屋里或是在床上。
- 刚被扔在了2米高的木栅栏上，现在可能落到了邻居家，有可能在邻居家的花田、狗舍或垃圾堆里。

应对策略

你的命令可能没法使你那有多种、大量感觉需要的孩子长时间不赤身裸体，但你也可以考虑其他一些措施：

- 你要随时都额外带一件大的纯棉T恤。T恤折叠时体积很小，当其他方法失效时，你可用T恤把孩子包起来。
- 如果你是驾车旅行，一定要多带供你和孩子换洗的衣服。运动裤是一个不错的选择。
- 游泳时，你可以考虑给你那需要大量、多种感觉输入的孩子穿一整件带拉链的、压缩的冲浪衣。衣服要紧贴身体，就像另一层皮肤一样。孩子可能会愿意把这件衣服留在身上。
- 如果你没有精力参加一个不反对你孩子不穿衣服的裸体海滩俱乐部，那么你可以考虑自行车骑行用的短裤、其他压缩服装、质感好的裤子。如果可行，你可以让孩子帮忙挑选衣服。

开门和关门

如果奥布里不停地开门、关门，她可能是喜欢关门时发出的声响。你可能会觉得很无聊并想改变这一状况。

建议 96a：如果你的奥布里是被驱动着开关门的，你可以通过使其有互动性，在游戏中转变这个活动。

以下是一种方法：

你要描述你的孩子正在做什么；"奥布里正在开门！""奥布里正在关门。"然后你要加入她，"斯特拉阿姨和奥布里正在一起打开门！""他们又一起关上门了！"你们两人轮流地开门、关门。这样反复地开关门需要孩子有很大的兴趣！

建议 96b：你要拓展互动性质的开门、关门，使之发展为一种游戏。躲猫猫是一个不错的选择。

你站在门的一面，奥布里站在另一面。奥布里打开门时就会拍你的胸并说："斯特拉阿姨在这里。"然后当你打开门看到奥布里时，你也拍她的胸，并宣称："奥布里在这里！"

用其他门，和其他人玩这个游戏，直到奥布里开始期待每一扇门后面都有一个人。你们也可以用百叶窗、布帘来玩这个游戏。同时，你要教奥布里学会轮流等待，并教她打开罐子、容器和盒子来找人。你可以在用到的容器里提前放进一些有趣的东西来让她搜索。

掐拧

如果你的苏菲还不会说话，她可能会依靠掐拧或撕抓来创造和你交流的机会。你自然想用其他有趣的、吸引人的方法来代替这种"掐爸爸直到他流血"、"抓住尼基姨妈的手腕，把指甲陷入肉里"的活动。

注意，如果她对疼痛有很高的容忍度或会利用掐拧来寻求感觉输入，那她可能很难相信掐拧会对别人造成伤害。

建议 97a：对待掐拧行为，你可以尝试"睡眠怪物"策略。

当你认为苏菲要掐她爸爸时，让爸爸假装睡着并发出响亮的鼾声。你要训练苏菲悄悄地靠近爸爸并尝试在不把他弄醒的情况下轻触他，绝对不能掐爸爸！当爸爸听到苏菲向自己迫近的声音时，他突然醒来，大声怒吼一声，并试图抓住苏菲！

只要旁边有人教苏菲应怎样秘密行动、轻微碰触，就尽可能多地重复这个活动。这种干预进行一段时间后可以帮助苏菲认识到：游戏和轻轻地碰触是进行沟通的更好方法。

建议 97b：另一条减少掐拧的方法——"推山"。

如果你的艾玛是一个喜欢大量感觉输入的强壮的女孩，当她想要掐人或抓人时，你可以尝试一个推动游戏。你与她面对面站好、伸出手掌，用你的手掌来推她的手掌，尽量使艾玛被迫后退（当然要轻轻地推）。如果有第三人在场帮忙组织游戏、安排顺序会更好。第三人可计数"一、二、三，开始！"并可发挥裁判的作用说："停"，当某人把山（面对面站着的那个人）向后推动了之后第三人可裁定"你赢了"。

摇晃

你的泰勒需要大量的舒适感和感觉信息，只有坐着或站着摇晃时，她才会感到舒适。此时她好像觉察不到其他任何人、任何事。

你可以利用她摇晃的需要进入她的世界，引发与她的交流。

建议 98：为了与你那封闭的、爱摇晃的孩子沟通，你要亲自来摇晃她并逐渐建立摇晃的节奏，直到停止！

你可以这样尝试

你坐在一个舒服的摇椅或其他任何你认为合适的家具上，并让孩子跨坐在你的腿上。像对待小孩子一样，你要扶好她的后背和脖子，以确保她安全。你要温情地看着她并向她微笑，然后和她一起缓慢地摇晃。逐渐增大摇晃的幅度，这样每次你们都可以更加朝前和更加向后。在确保安全的情况下，逐渐加速。然后当你可以感觉出自己的摇晃节奏并且认为泰勒开始期待这种摇晃运动时，坐直身体突然停止摇晃。

摇晃的突然停止会带来回应。如果泰勒与你进行眼神交流或自己摇晃了一下，这些都向你表达她想让你怎么做，你以重新开始摇晃作为回应。这样她就与你进行了沟通，表达出了她需要更多摇晃的请求。

你可以试着重复这种"摇晃交流"10~12次，要确保在孩子仍感兴趣、仍想要更多的时候停止活动。

随着泰勒对自己的身体和沟通能力有更多的了解，你可以利用这种活动教她表示"更多"和"摇晃"的手势。

给小孩子的变式：骑马运动

一些渴求摇晃运动的孩子也喜欢坐在成年人的膝盖上，让成年人模仿马的步态，用膝盖把他们弹起。做这项运动时，你可以看向她的脸，抓住她的两只手，并用语言描述整个事件。你还可以播放专属于你们的骑马歌以增添音乐效果，使这个活动更有意义。

应对逃跑行为的一些对策

即使你采取了所有措施，把每个房间的门都锁上，但有时爱冒险的彼特依然能够跑出来。你可以思考一些能够迅速找到他的方法，或能使别人认出他来并联系你的方法。

你可以用不掉色的笔在他的鞋子边写上你家的电话号码。

你可以在他的衣服上写上他的名字、家庭地址、联系电话。如果他能够忍受衣服标签，你可以在他的衣服标签上写上上述信息。

如果他愿意，你可以让他带一部手机，并使手机开机（这样能使用GPS追踪系统），当他睡觉时给手机充电。用防水的袋子包好手机。

如果他能忍受，你可以尝试给他带一只有联系信息的身份手镯。

你可以训练狗狗来发现他。一些牧犬不需训练就可以追踪他。一个总是逃跑的孩子的父母报告：他们的黑色拉布拉多猎犬是一只天才的逃跑者追踪犬，只要孩子一跑，猎犬就开始吠叫。

如果你的邻居们愿意合作且有时间，你可以向你的邻居们、当地警察局说明孩子的逃跑行为，并留下孩子的照片和联系信息。如果可能，还可以组织一个非正式的社区守护团，这样社区内任何成年人只要看到彼特独自一人，就可以把他抓住，并立即给你打电话。

如果你使用社交媒体，则从彼特消失的那一刻起，你就立即考虑组织一个快闪族搜查团。

其次，你要尽可能地教彼特学会游泳。如果有游泳馆允许彼特穿着衣服入水，你就可以和他确认，即确认当他恰好被水里的衣服卷住时，他仍能继续游泳。这样比只会脱衣游泳更棒！

当发现他跑了之后，你要思考他可能被哪个地方吸引住了，是出于感官的原因被吸引，还是被某个他曾去过的地方吸引住了？是因为邻居家新买的蹦床，还是因为附近正在建设的游泳池？

如果你的孩子喜欢水，他可能直奔最近的水源而去。因此你要立即查看附近的水渠、湖泊、海洋、海湾、小河、池塘、邻居家的喷泉，甚至后花园里的水桶也不能放过。

你尤其要警惕糟糕天气里外面门的上锁情况，可以在门上挂个标志，这样访客就会知道为什么他们应该将门保持闩着或锁着的状态了。

自闭症孩子在你开车转向时尖叫

你的孩子可能有一个极度敏感的内耳。（这样的话，与之相应，他可能还有完美的投掷能力。他能在后院骑马的同时玩接沙包及其他游戏。）但有时他会过于敏感，以至你开车时，方向盘微小的转向都会引起他的尖叫。

因为开车时很少只走直线,所以这种尖叫会经常发生并让人烦恼。为了你自己、钱德勒及可能与钱德勒同时坐在后座的他的兄弟姐妹的安全,你必须要为他的这种尖叫行为做些什么。你必须要做的事是——了解原因。如果钱德勒对声音过度敏感,那么他对速度和方向的改变也有可能过度敏感,因为这些都是可被内耳感觉到的。他并不是为了让人烦恼才尖叫,而是因为他被如潮般涌来的感觉信息所吞没,恐慌之下才会尖叫。你让他停下而他依然停不下来。即使你告诉他没什么可害怕的,但他依然放心不下。为什么会这样?因为这是一个非典型性神经造成的基于感官的问题,而这个孩子几乎没有能力阻止这些感觉进入感觉器官。

长期以来,专家运用一些听觉训练或干预方法使钱德勒不再敏感。但同时,你想要一个简单的解决方法。你希望平衡感觉输入,在原来如洪水般泛滥的感觉中增加一些平静的、奖励性质的感觉。

你可以尝试这样做:用同时发生的、可以相提并论的、快乐的感觉中和恐慌。当我们想出这一主意时,我们选择的是棒棒糖。六周内每次我们要转方向盘时都立即给本斯一块棒棒糖。我们既不提前给,也不稍后给,而是在转向的那一刻给他棒棒糖。在这六周里,每次转向我们都给他棒棒糖,没有一次例外,也没多说任何话。那段时间,本斯依然对任何方向、角度、速度上的改变很敏感,但同时当他舔棒棒糖时又感到快乐、专注。我们所做的可能对他的耳朵产生了一点压力。

因此,你可以尝试用大量同时发生的、令人赞成的感觉来中和由其他感觉引发的恐慌。

六周之后,我们再也没有听到本斯的尖叫声了。他已能接受瀑布般的感觉信息,能控制住自己不再尖叫。他不再需要棒棒糖,也不再期待棒棒糖。我们的策略起作用了*。你也可以为你的钱德勒尝试这个策略。但如果钱德勒有姐妹，你也要给她一些棒棒糖。

旋转

你的自闭症孩子可能会围着某地转圈，转几秒或几分钟。他好像不会头晕，也不会像芭蕾舞者那样以某个固定的点为圆心转圈。如果你的约书亚在旋转，最有可能的说法是他在给自己输入自己所需要的感觉。你可以和他一起做，通过轮流使活动变得有互动性质，并且你可以试着教他舞步，但前提是你先要满足他潜在的需要。

如果有开放的空间并且孩子很小，你可以这样做帮他感受到旋转的力量：握住孩子的手腕，身体向后倾，让自己旋转起来，当旋转达到一定速度时，将孩子从地面提起，之后他也会随你旋转起来。你要注意不要在不平坦的地面尝试这个活动，手湿时也不要尝试。当你不确信自己的力量和能力能否使活动安全进行时，也不要轻易尝试。

当约书亚旋转时，你要留心观察。如果他总是按逆时针方向旋转，你要同样选择这个方向。

一些儿童乐园有旋转木马。如果你想休息一会儿，你可以把塞缪尔放到旋转木马上，这样也能给他大量的旋转感觉。你要选择他喜欢的旋转方向。

你可以试着带他去游乐园或展会。那里会有旋转木马能提供旋转的感觉。如果你不确定孩子能否一直安全地坐在上面，就不要尝试。骑在木制的旋转木马上虽然有趣但大都不够快，无法满足西蒙对旋转的需求。

给家长的警告：你应该知道一些自闭症孩子有癫痫。这种疾病可能会以

---

* 在这种情况下，如果使用典型教养模式（钱德勒，够了！别再叫了）和 ABA 技术不会有好的效果。例如：ABA 处理尖叫会采用忽视或惩罚。实施标准 ABA 模式的人不会采用这种感觉平衡策略，因为这好像"奖励"（"强化"）了"坏"行为。错误的 ABA 期待会是这样的：从此以后，只要坐车就需要有棒棒糖；甚至孩子的余生，只要他想要棒棒糖，就会尖叫。不应这样。这个例子显示 ABA 技术给一些孩子提供的帮助并不是家长需要的，因为 ABA 是基于对自闭症动力学的错误理解。

旋转的方式发作。如果泽维尔在癫痫发作时旋转，他的旋转可能会失去方向，但并没有失去劲头。如果在泽维尔旋转时你发现了任何不妥，要立即抓住他。

喷吐

喷吐作为一种惯例性行为或基于感觉的习惯，需要有技巧才能改变。家长们报告了他们的自闭症孩子有各种复杂的吐东西的行为。一位家长报告了他们称为"阳光洒下"的孩子的吐水行为。他们的孩子嘴里含满水，然后将水从自己的小奶牙牙缝中一点点逼出。

使喷吐行为变得真正有互动性的机会很少，但你仍然可以尝试。在刷牙或使用漱口水等自然情境下和孩子互动，这样的互动有助于使他的吐水行为被控制。你可以和孩子一块刷牙，然后轮流吐漱口水。这种方法可能不利于你用口语描述，但你仍然可以尽情喷吐。如果旁边有自闭症孩子的兄弟姐妹和他轮流吐漱口水，而你在一旁叙述则最好不过了。

建议99：你要试着把孩子的"喷吐"转化为"吹"。

你可以尝试用"吹"代替"喷吐"来使孩子的"喷吐"行为消失。把你的小亨利带到他可以吐口水的地方，如浴室水槽或下水道，然后你们轮流吐口水。之后，你可以引入一个吹气玩具，如泡泡器或口哨，轮流玩几次吹气玩具后，再返回到吐口水活动。

你可能需要尝试几种不同的吹气活动或舌头练习才能将喷吐的吸引力消除。亨利会通过朝别人吐口水来获得夸张有趣的反馈，因为他喜欢这个反馈，所以他会不断地向别人吐口水。因此，你需要逐渐消除这种反馈对他的吸引力。

你也可以尝试替代性口腔运动，例如嚼口香糖。嚼口香糖需要一些注意力，但是可以使你的亨利保持嘴巴闭起，并且能给他的下巴一些他很需要的关节压力。

祝你好运！

过渡

从一个地方过渡到另一个地方，从一个活动过渡到另一个活动，或是从学校课程表过渡到假期日程表，这些改变可能都会使自闭症孩子极度困惑，仓皇失措，难以适应。

你可以通过尽量维持连贯性来减少未来的过渡难题。如果你的孩子有几天不去上学，你可以要求老师每天给她打电话，和她说话，这样能使孩子认识到，学校仍是她的生活的一部分。如果你有老师的照片，那么当孩子和老师通话时，把照片拿给她看。你可以通过使用一个社会故事中的一系列照片向她解释假期中将会进行的各个事件的顺序。

虽然你的伊莱放学后回到家会很高兴，但他可能仍需在家门口进进出出几次后才能适应从学校到家的过渡。你要允许他这样做，这么做有利于他确信自己已经回到家这个事实。

你的本斯已经在沙堆边玩了一会儿了，虽然他现在很想回到家中，但是他发现自己很难完成这个过渡。

你可以帮助本斯更简单地克服这个过渡难题，在不失去自我控制的情况下回到家里。你可以尝试以下选项：

- 你可以用插图展示从室外到室内的最直接的路线，把过渡变得简单。
- 根据所处环境的不同，你也许可以把路线用彩色粉笔画在道路上，或是用一排旗子、信号灯、气球把从沙堆到家门的路连起来，使路线可视化、形象化。
- 对于紧张不安、需要很多安全感的本斯来说，你还可以用一条长长的色彩鲜艳的绳子铺在从沙堆到家门口的路上，在确保安全的情况下，把绳子系在门把手上。
- 如果你有一些轮胎或木板，你可以把它们安置在从沙堆到家的恰当位置，用作路线上的障碍物或高台，使它们能连接起沙堆和门。

9
给家长的另外一些建议

建议100：几乎所有的从一个地方到另一个地方的过渡，你都可以让孩子从开始的地方带个有形的提示物到第二个地方。这个提示物应该是一些对孩子有意义的东西。

如果有可能，你要把这个提示物与下一项活动连接起来，建立它们之间的联系。

代表连贯性的提示物也许能帮助你的孩子。在本斯回家的路上，你要让他的手里有从沙堆带来的沙子。这些沙子提醒他，沙堆还在那里，下次他仍然可以去那里玩。当他快走到家门口时，你可以用他的沙子做游戏，让他扔掉沙子或让他将沙子小心翼翼地放进花盆里。

如果杰里米要去幼儿园，但从家到坐上巴士这个过渡对他很难，那你可以让他带着从家里拿出来的泰迪熊或其他东西，这些东西使他安心，象征着从家一直持续着的连贯性。然后，他可以带泰迪熊的照片、泰迪熊胸针。如果爸妈或家里房子的照片也能起作用，也可以让他带这些照片。

不论过渡发生在什么时候，当到达新的地点后，你要通过把孩子的手递给另一个人进行交接来完成过渡。你可以说，"你好，特里比姑妈，这是本斯"，"本斯，你要和特里比姑妈待在一起"。这种身体上的移交能使过渡更易成功。

长途旅行的建议

当长途旅行时，如果可以，你要准备一张目的地的照片。你可以从网上找到一张合适的照片，提前给孩子看或至少在你们出发时让孩子看到这张照片。随身携带这张照片，这样当你们到达时就能把照片和实地联系起来，使照片有具体意义。如果有大点的孩子或能识字的孩子，你还可以给照片贴上标签，如贴上"朱莉姑妈家"、"奶奶的别墅"、"英杜叔叔的办公室"等。

你可以用照片说明，当你们到达时会做什么、会见到什么。

将照片按顺序排成一个长条，展示旅行的每个阶段、路两旁的地标或你们停下来饮食和休息的地方。最好也有一长条照片显示你们回来时的状况。许多家长会用尼龙搭扣来挂照片。

从网上如谷歌地图上下载这些照片，这样你就建立了一个本次旅行的视觉图册。这本图册展示了旅行中的街景且全球范围内大多数街道都是连续的，因此图册上的街景也可以是连续的。你也可以把旅程中的十字路口和地标拍下并洗出来，以向你的孩子相对准确地展示这次旅行实际上是什么样子的。

另一种方法虽然耗时但被广泛推荐且通常都是有效的，即提前和某个人一起把整个路程都录成视频，存在 iPad 上。如果他有足够耐心看完全程，你就可以把这段视频放给孩子看。

你们可以带上一些有特色的东西，给旅行增加意义。例如，"我们给奶奶带些花"或"我们去超市要带着帆布包"。你可以唱有关旅程目的地的歌或使你孩子感到舒服的歌，带一些仔细挑选的玩具，如果是坐飞机旅行，就带飞机模型，坐车去的话就带玩具汽车，这样能使行程更有意义，并使孩子有参与感。当你开车转向时，孩子也可转动他的汽车模型的方向盘；当你们那班飞机离开地面起飞时，孩子也会把手中的飞机模型举高，模仿飞机起飞。

建议奏效的原因

这么做使你以各种感觉方式传递的信息最大化地到达孩子那里，使行程明确，增强孩子对行程的理解，并减少他们对未知的恐惧。触觉、听觉、味觉、嗅觉、视觉都向孩子传递消息，使孩子平静下来。在这种旅程中，你的内森增强了理解力，减轻了焦虑。

通过练习，长期以往你的孩子能够适应旅行，然后可以减少对辅助物的依赖。

9
给家长的另外一些建议

关于自驾游的总建议：不要忘记使用儿童安全锁阻止儿童手动开车门；不要忘记锁上汽车后备箱！

等待，或是不能等待

把时间间隔的意义具体化可能会有帮助。关于时间的额外提示能给予时间间隔物理意义，它也许能帮助波皮更加平静地等待。你可以用一个红色扇形做表盘，随着时间的流逝红色逐渐消失；也可以使用一套透明的沙漏，沙子随着时间的过去而流失。这样做给这些时间间隔真实、即刻的意义。例如给钟表定时，当时间到时，一炉饼干正好出锅，红色的扇形也完全消失掉。你可以告诉波皮，"饼干烤5分钟就好"，然后让她在旁边玩耍但要让她留意红色的扇形钟，红色扇形消失的那一刻，波皮就会跳起来去拿饼干了。

与此相似，你可以在脑海中记住将会在1、2、3、5、10分钟后发生的一系列事件，把它们与沙漏中沙子跑光花费的时间一一对应。

你的孩子可能已经很清楚他的一次语言治疗的时间是多长、一节课持续多久。你可以把这种认知与时钟联系起来，把这种认知与1个小时的概念联系起来。

最基本的方式是，给你的自闭症孩子一些照片，这些照片代表的是他已经知道的各个事件和各项过程，让他把这些照片排列顺序。多进行这种排列顺序的练习也有利于形成他等待的能力。

分散注意力也是一种好方法。当波皮等待时，如果她可以听听音乐、看看书或玩玩具也非常好。

用脚尖走路

建议 101：对于一个经常用脚尖走路的孩子，你要给他提供边缘部位的感觉经验并丰富他的所有感觉。

即使一点点的升高，也有可能增强感觉饥饿的梅森对自己身体的知觉，因此他喜欢用脚尖走路来感受增加的那一点点高度，增强对自己体重的感觉。

你可能会发现，当梅森在一个升高了的平面如长凳、石墙上行走时，就会双脚放平走路。

一些自闭症孩子会渴求边缘部位的高度感觉，而梅森可能就是这类儿童之一。边缘部位的高度感觉可以通过两种方式获得：一是增强身体的末端部位的感觉，二是把自己的身体放置于物体的边缘，这样你也会感受到高度。只要条件合适，你就可以尝试给梅森提供这种经验。

我们再次建议你和你的医师交谈，询问提供含维生素 A 的食物如鱼肝油能否帮助梅森更好地感受自己的身体。

你可以很方便地提供以下几种边缘经验以增强孩子的身体知觉。

- 攀爬*。例如，爬户外游戏设备、攀岩、爬树、爬轮胎堆或爬干草堆。
- 用力荡秋千，荡起的弧度要长。你可以在一棵高高的树上架一根绳子当做秋千，绳子垂到草坪上，然后摇摆绳子；或者你可以使用短一点的绳子，但要用力摇荡。**
- 对一个会游泳的孩子来说，秋千的摆动区域包含泳池部分，孩子落

---

* 像梅森一样的严重感觉饥饿的自闭症儿童可能会爬上家具，想要在家具上行走。"攀爬"提供了大量感觉输入。这告诉你要为你的孩子提供一份丰盛的感觉大餐。还可考虑当他处于高处时，和他一起做事情。

** 这种体验会产生大量感觉，即使是不说话的自闭症孩子也会在荡秋千时发出几个声调或说个单词。一位有经验的言语治疗师会在荡秋千之前、之中、之后和孩子一起工作。

下时落到泳池里再好不过了。

- 给身体的大部位连续的重压，如通过挤压机器、紧紧拥抱或"梅森式三明治"来提供这种压力。"梅森式三明治"是用两块运动垫把梅森包在中间，让另一个朋友躺在上面的垫子上，然后让梅森艰难地爬行通过这两块垫子。
- 走在升高了的平面上。你可以让孩子在花园的墙上行走，但他可能需要牵着你的手；让孩子一只脚在路沿上，一只脚在水沟里走路；让孩子在地面上的窄板子、横梁、木栅栏上走路或在离地几十厘米的高台上走路，同时要保持平衡。

当所有方法不管用时，你要查找故障。

你的科迪是不是总有新把戏让你崩溃？你很想阻止这些把戏却毫无头绪？因此米勒博士例举了这样的几套问题并试图进行分析，以供参考。

例子：假设你的科迪很喜欢水，习惯在室外的水管边玩水。你之前曾经看到过他把狗盆里的水舀出洒到空中。但这次，你看到他把狗盆里的水喝光了，你觉得很恶心。

米勒博士要问：你知道这个新发展意味着什么吗？

为了帮助你对事件的意义有些想法。关于科迪喝了狗狗的水这件事，米勒博士会问你一些启发性的问题：

当科迪喝狗盆里的水时，他看向你或其他人了吗？

如果是的话，他可能是想和他看向的那个人交流些事情。他有可能是在等待或引起那个人有趣的情感反应，以便和他交流。

他是在和你交流他要越过可接受行为的界限吗？还是在向你展示模仿狗狗？

或是二者皆有？

如果你认为他的主要目的是引起你强烈的情感反应，那你为什么不尝试去别的地方玩追逐游戏（如"我要抓到你"游戏）？这个游戏也能引起你强烈的情感反应并可能会使科迪不再去喝狗盆里的水。

如果追逐游戏对他来说不够有趣，那你可以尝试一个有水的游戏，如扔水气球或用水枪相互喷射。

另一方面，如果你认为科迪是在模仿狗狗喝水。那么他的做法就棒极了！因为这是他迈向符号推理的一大步！你可以尝试扩展这个模仿狗喝水的活动：准备一只大的玩具狗或用大纸板做一只狗，让科迪假装帮这只狗狗喝水。这样做既满足了他要模仿狗狗喝水的意愿，又不需要他真正地去喝狗盆里的水，而且还进行了象征性游戏（为什么我们对象征性游戏这么兴奋？因为它能促进更高级的顺序推理和口语）。

如果你认为二者皆有——科迪既想获得你的注意又在模仿狗狗。那么是时候把给狗狗喂食喝水的工作交给科迪了。在他刚开始进行这个工作时，你可能需要给他一些帮助，且要监督他一段时间。

怎样利用游戏达到治疗目的：在你的花园、后院或其他合适的开放性区域安装经济实惠的感觉设备。

如果你的孩子渴求高度的感觉、运动的感觉、边缘经验或大量的其他类感觉，你可以充分利用户外机会来满足这些需要。如果附近有公园就完美了，但如果没有，你也可以自己来做。

满足高度需求的办法

对于喜欢待在高处的孩子，你可以把两把牢固的长椅拼在一起，让孩子待在上面，这样就能安全地提升孩子的高度。如果材料和钱财充足，你可以建一间树屋，造一套带梯子的秋千，你甚至可以仅仅简单地堆几个轮胎，如果轮胎是不同型号的就更好了。老树桩或几截木头也可以发挥作用，堆起来的干草垛也是非常好的！

如果有空间和材料，你可以用旧轮胎和木板造高架，然后让孩子在上面走动和玩耍。如果你能用升高了的走道把秋千和沙箱连接起来，那么所有的这些游戏设备都将得到最大的应用。

如果奥布里喜欢把自己的室外游戏点都连在一起，那么这些游戏间的过渡会更简单。你不仅可以把轮胎和木板连接起来，还可以用粉笔在地上画线或用一串信号旗，从后门开始，把门和秋千、树、吊床或其他游戏点都连接起来。

满足对运动和速度的需求的方法

对需要大量感觉输入的孩子，你可以尝试秋千。这个秋千的运动幅度应该非常宽，下降和升起的幅度都很大。

你也可以考虑使用一个小点儿的秋千，在秋千某处装上弹簧。这样孩子在荡秋千的时候还能弹跃，如此来使感觉信息有所变化。

满足对材质的需求的方法

你可以考虑给沙坑或沙箱安上一个盖子，或用干净的沙子、豆砾石、树皮木屑等任何质感明显的材料填满旧轮胎，然后让孩子来玩耍感受材质。我们知道有一位老师，她非常喜欢玩橡子，曾经在橡树落果时收集了整整一箱橡子。

满足玩水的需求的方法

一般情况下，小溪或河中的流水、大海中奔腾的海水都会使寻求感觉输入的孩子感到快乐。如果没有这些水源或这些水是不干净的，你还可以考虑其他一些玩水的方法。

水桶、婴儿泳池、旧锅、搅拌混凝土搅拌器都可以用来盛水玩耍。

那么池塘怎么样呢？你需要定期清理池塘里的脏水以防蚊子和青蛙。

你还可以考虑让孩子玩洒水装置。一根水管不论有没有可调喷嘴，都可以拿来玩，中间有孔的旧水管也可以玩，还可以用管子把婴儿泳池和中央水源联结起来，自创一个喷泉让孩子玩耍。

满足视觉兴趣的方法

你可以考虑用布旗、锦旗、羽毛旗、风车、横幅和丝带来捕捉微风，满足孩子的视觉兴趣。

满足声音需求的方法

风铃、流水或拉带珠子的窗帘都可以发出声音。

在后院安置障碍物是一个发展协调能力和速度的好机会。你可以考虑在后院设置一些旧轮胎、低低的壁垒让孩子跳；做个小沙坑让孩子跳进去；树立垂直杆和旗帜让孩子围着跑等。如果你要监督或与孩子一起做这些，那么你就有了一次完美的机会来教孩子"上"、"下"、"出去"、"在底下"、"穿过"等手语。

如果你住在农业区或农业区附近，为了满足所有的感觉需要，秋天里乘坐装有干草的大车出游将会使你的孩子仿佛置身天堂。

和需要活动空间的孩子一起去海滩或湖边

在海滩时，"感觉饥饿"的瑞安可能会因看到沙子和涌来的海水而激动不已，但他也许只能在海滩上特定的范围内玩耍。同样地，如果他能好好地待在你身边不乱跑，你也只会在一片区域内活动。如果沙滩伞或沙滩椅给瑞安的活动空间太小，导致他不适应，那你可以尝试其他方法。比如在海边、湖边或营地自己创建一片合适的、他能辨认的、明确清晰的空间。

- 搭一顶大型帐篷。如果帐篷是无地板款式，则你要另挖一个坑用来坐，用沙子把帐篷压好。你应该知道涨潮线在哪里。
- 用一块或两块海滩挡风玻璃建一个围栏。
- 把稻草席或沙滩毛巾在沙滩上铺展开或挂起来，以此规定一片休息区或通道区。
- 在你小小的定居点周围挖一道沟渠。
- 带一个小的充气泳池。你要把它吹起来，按孩子的愿望在池里灌满沙子或海水，这样它可以充当沙箱和玩水的场所。当池子空空时，它还能成为小孩子们的游戏围栏。
- 放4张沙滩椅，最好中间还有一把沙滩伞。
- 可以的话，带一个冷冻机。把点心用冰块或碎冰包起来，这样你可以给瑞安点心吃或给他冰玩。

另一个家长反映的家庭问题：洗衣服

每一个拥有家庭但没有私人洗衣服务的人都面临着洗衣的问题。而你和你的自闭症孩子面临的是洗衣灾难。

你可能会问："为什么？难道家长们永远都不能穿干净的衣服吗？"

家长们没有干净的衣服穿主要是因为孩子的洗衣问题太严重，他们无暇顾及自己的衣服是否洁净。雷金纳德喜欢在沙、泥、水中玩，每次他进屋可能都需要换一身衣服；除非你智慧地在门廊处就用水管给他清洗一番或你们住在一栋海滨别墅，让他在室外淋浴完再进家门。或者你能训练他一进门就换衣服，并在下次张灯结彩布置走廊及栏杆时重复使用换下的脏衣服。

当妈妈尝试这种循环穿衣的把戏时，可能会有小黄蜂进到亚伦的衬衫袖子里。小黄蜂是因为叮咬了亚伦的胳膊肘才被妈妈发现的。

（注意：脱下的衣服如果没拉好拉链就容易进小黄蜂。）

其他导致你没有干净衣服穿的原因？

埃斯梅拉达杰克逊仅仅是想到灰尘就会很愤怒。每碰到一粒灰尘甚至一个量子，他都会为自己的新衬衫哭哭啼啼。埃斯梅拉达在所有场合都无视其他任何衣服，只喜欢穿她的粉色礼服（或她的白色短裙，或万圣节给她穿的豆荚衣服）。下雪天、参加葬礼等任何情况下她都会穿着这件衣服。如果这件衣服没有洗好不能随时穿着，她就会闷闷不乐、无法忍受。

再者，布兰登睡眠很浅，睡觉时只要一听到洗衣机或烘干机的声音就会从床上一跃而起。但也有相反的情况：把你的孩子连同摇篮一起放到烘干机旁边，烘干机震动的声音有助于她睡眠。

当你被上述状况烦扰时，你真的认为你有时间洗自己的衣服吗？

解决办法：没有解决办法。但你可以尝试在每次大洗孩子的衣服时，顺便也洗一件自己的衣服。

小插曲

窗帘布的地心引力：一系列不可预知的事件

你的孩子已经足够大，能自己洗澡了。他突然跳出浴缸，带着满身的泡沫笑着消失在大厅。你冲进浴室拿毛巾。

显然，今天浴室是"无纺织品日"，所有的毛巾、浴巾和地巾都湿湿地丢在地上。

窗帘没挂在窗户上，不在地上，也没在洗衣机或垃圾桶里。

窗帘不见了。

原先挂在钩子上的窗帘杆也被取下来了。

厕所里传来冲水声。

你的窗帘已经被冲到海里了。

· 10 ·

结　语

要　　点

自闭症儿童通常都是异常聪明的。不过你必须满足他们不同强度的需求以便他们的智慧之光能闪耀于世。

你的目标包含两个方面：你不仅仅需要尽可能迅速地帮助埃文发展他所有的能力，而且你需要将埃文不受欢迎的、令人讨厌的行为转化为与世界接触时更有意义、更恰当的行为。他可能需要重新学习正常孩子在生长过程中自动学会的一系列常规活动，这些活动包括控制身体去跳跃、骑滑板车或自行车、使用包括工具在内的各种物品。

他也需要尽快学会对他而言最有效的沟通方式。你可以帮助他。

关于沟通

记住，鲁比学习新的符号时需要有动力。相较于诸如"对不起，打扰一下"、"谢谢"及"早上好"这些对她影响很小的礼仪层面的词语及短语，她可能更想学习诸如"跑"、"跳"等有趣的动词。

对克莱顿而言，自闭症与运用障碍或失用症相结合可能意味着他在使用符号的时候需要频繁的强化，需要宽容，需要对他的符号进行一次次手把手的帮助或平行的协助。同时，就像普通的语言使用者那样，克莱顿要想记住这些词语和符号，不使之荒废，他就必须频繁地使用这些词语和符号。

如果克莱顿没有马上重拾言语能力也不要气馁。因为在任何年龄段，他都可以学习（或重新学习）讲话。这就像任何人都拥有康复能力，可以复原一样，但要确保他有一位拥有成功治愈失用症儿童经历的言语治疗师。如果你的治疗师告诉你复原是不可能的,那就换一个新的治疗师。

你要记得经常和克莱顿聊聊天并同时和他打手语。当你和他说话的时候,如果他的手里拿着某样东西,也许他能更好地聆听。

记住,不论是使用手语、口语、图片交换沟通系统、辅助沟通设备还是一些沟通方式的结合,对你的自闭症孩子来说,让他们完成一个不完整的句子可能总是比让他回答问题更简单。

一些值得铭记的、与互动相关的规则

不管你什么时候和米拉玩耍,你都要记得反思:

我是以一些诸如推、拉、举、扛、投、跳、跑或踩等令人兴奋的、重复的、大肢体的运动开始的吗?对于一个小一点的孩子,我是不是想着把她抛向空中然后落到一个柔软的沙发上,或是尝试了其他一些同样有趣且令人激动的活动?这种活动能帮助她发展身体知觉和注意力。

当把米拉举起是安全的且有好处时,我是否这样做了?

当我和米拉谈话时,我是否每次都对她的一些独特之处进行了评价?

和她一起做事时,我的身体尽量与她的视线保持平行了吗?

当米拉做某件事情时,为了增加她的词汇量,我是否用手语和口语同时向她描述此刻正在进行的事件?

相较于"干得好"这种模糊的夸奖方式,我是否能用更具体的方式夸赞米拉做得好的地方?对米拉来说,"米拉自己系上了鞋带,万岁!"要比"干得好,米拉"更加具体,虽然在这两句话中她都听出了我的赞扬之意。

对米拉来说,学会所有必需的手语将使词汇的意义变得更加生动有趣,我把这件事作为我的责任了吗?我一直对她使用手语了吗?

当我唱歌给米拉听时,我是否选择了与米拉生活经验相关且对她的生活有意义的歌曲？为孩子唱的每一首歌，我都将它们形象化了吗？*

米拉表现出的可以发展相关概念和功能的机会，我都抓住了吗？如果她在我的床底下消失了，我知道该如何把她引出来吗？如假装惊慌失措地呼喊（同时轻轻地拍打床铺），"噢，不！我的米拉不见了！她可能会在哪？她在这里吗？"

如果米拉不会画画，或在学校里被迫做一些无意义的事，如不断地给提前画好的形状涂色，我有想过其他方法让她涂涂画画并喜欢上画画吗？也许可以在纸下放一片树叶，然后在纸上临摹、涂色，画出树叶的样子？或照着感兴趣的东西画它的样子？或画些鸟、车、人的简笔画？或使用其他技巧使画画有趣且能代表物品？

当我们旅游的时候，我是否记得指出她可能认得的地标及象征建筑？

当我们度假时，我是否想过一些方法使度假活动变得对米拉有意义？

你已经来到了米勒博士给自闭症儿童家长的手册的最终章节。作为奖赏，我们将给你提供两条骨灰级的建议。

两条给父母的建议：

1. 当你拿到你的孩子是自闭症的诊断时，你要立即找一位精通教育和特殊需要领域的律师。你会需要他的。
2. 接下来是最为重要的一条建议——米勒（Arnold Miller）博士的名言："不要过于畏惧自闭症，要斗志昂扬！"

---

* 一位家长告诉我们，孩子小的时候，她会特别疲倦，以至每次孩子需要摇篮曲时，她记得自己为他唱的都是《老司特鲍是一匹赛马》。

最终曲

你帽子里的海蜇

沙滩上阳光明媚,你亲爱的宝贝正俯卧在浅水区划水玩。他浮在波纹沙层的上方几厘米处,随着水势来来回回。

你发现距离孩子1米左右的地方有一条小小的红色海蜇也随着水势移动。每次海浪打来,海蜇小小的带刺的触须就会离孩子娇嫩的小腿更近一些。

怎么办?你不能离开孩子去拿铲斗,否则孩子可能会跳起来跑进海里,也有可能被困在回头浪里。此刻他正处在感觉的天堂里,不会站起来躲开海蜇。而你也不想让海蜇叮痛孩子。

海浪拍打着灼热的沙滩发出嘶嘶之声。海面起伏,海蜇被海浪猛扑着向前。而你,在你意识到你的行为之前,已经用棒球帽把海蜇舀起来了。

相关图书推荐

自闭症儿童社会规则训练
The Asperkid's Secret Book of Social Rules:
The Handbook of Not-So-Obvious Social Guidelines for Tweens and Teens with Asperger Syndrome
Jennifer Cook O'Toole 著
倪萍萍 译

对于自闭症孩子来说，如何知晓正常人世界的社会规则尤为艰难。本书作者Jennifer O'Toole深知这一点，因为她就是其中一员。她自己也是三个自闭症孩子的母亲。她之前曾是个社会工作者，也在特殊学校担任过老师。她这本优秀的社交指南给了每一个自闭症孩子一把打开周围陌生而神秘的社交世界的钥匙。本书揭示了隐藏在复杂的社交关系下的秘密，如：如何交朋友，如何维持友谊，如何避免灾难性思维等。这本书举例生动，解释到位，还配有卡通说明，是自闭症孩子探索社交世界的必备秘籍！

给自闭症儿童父母的101个建议
101 Tips for Parents of Children with Autism:
Effective Solutions for Everyday Challenges
Arnold Miller, Theresa C. Smith 著
柴田田 译　于素红 审校

作为自闭症孩子的父母，你想了解你的孩子吗？你想知道如何让孩子集中注意力吗？你想帮助他改变他的坏脾气、不合适的行为或交流障碍吗？本书基于对自闭症孩子认知和感觉需要的理解，给父母提供了很多解决自闭症孩子问题的策略，能让父母识别症状的原因、控制不当行为并促进其改变。

自闭症虽然是我们不能改变的事实，但我们依然可以通过自己的努力，使这些孩子过上正常的生活！

与自闭症儿童一起做游戏
Playing, Laughing and Learning with Children on the Autism Spectrum:
A Practical Resource of Play Ideas for Parents and Carers (second edition)
Julia Moor 著
昝飞 译

游戏是儿童早期发展的重要途径，游戏的本质是玩与乐趣。很多研究表明，游戏能在很大程度上促进儿童的智商、情商及社交能力的发展。让自闭症儿童在游戏中体会乐趣，继而更愿意投入到游戏中，从而与人建立良好的沟通关系，提高社交技能，是本书的重心所在。

本书也可以让那些认可"游戏力"理念、正想着如何与自闭症孩子沟通的父母，找到更多的游戏方法和灵感。

无论您是自闭症孩子的父母，还是从事特殊教育工作的专业人员，如果对书中的内容有任何疑问，请联系我们！如果您还发现了其他的针对自闭症孩子的好书，也请联系我们！让我们来共同帮助这些地球上的星星们！

咨询电话：010-65263875
读者信箱：1012305542@qq.com